青箬舊封題穀雨

紫砂新罐買宜興

——明·徐渭《某伯子惠虎丘茗謝之》

紫泥清韵

香港中文大学文物馆藏紫砂精品

深圳博物馆　编

文物出版社

图书在版编目（CIP）数据

紫泥清韵：香港中文大学文物馆藏紫砂精品 / 深圳

博物馆编 . -- 北京：文物出版社，2022.10

ISBN 978-7-5010-7821-9

Ⅰ．①紫… Ⅱ．①深… Ⅲ．①紫砂陶－瓷器（考古）－

介绍－宜兴 Ⅳ．① K876.3

中国版本图书馆 CIP 数据核字 (2022) 第 189466 号

图录编辑委员会

主　　任：郭学雷　姚进庄

副 主 任：杜　鹃　许晓东

学术指导：黄阳兴

主　　编：周庭熙　董　杰　崔　校　陈　坤

展品摄影：邓明亮

紫泥清韵

香港中文大学文物馆藏紫砂精品

编　　者：深圳博物馆

责任编辑：郑　彤　马晨旭

责任印制：王　芳

出版发行：文物出版社

社　　址：北京市东直门内北小街 2 号楼

网　　址：http://www.wenwu.com

邮　　箱：web@wenwu.com

经　　销：新华书店

印　　制：雅昌文化（集团）有限公司

开　　本：889mm x 1194mm　1/16

印　　张：14.25

版　　次：2022 年 10 月第 1 版

印　　次：2022 年 10 月第 1 次印刷

书　　号：ISBN 978-7-5010-7821-9

定　　价：280.00 元

紫泥清韵——香港中文大学文物馆藏紫砂精品展

展览主办

深圳博物馆　香港中文大学文物馆

展览委员会

深圳博物馆团队

主　　任：郭学雷

副 主 任：杜　鹃

展览协调：黄阳兴　乔文杰

策　　展：周庭熙　董　杰

内容设计：周庭熙　崔　校　董　杰　陈　坤

形式设计：王文丽　朱芳玲

陈列布展：乔文杰　周庭熙　陈　坤　喻　珊　刘绎一
　　　　　刘晓天　罗晶晶　黄建彬　黄诗金　王文丽
　　　　　朱芳玲　饶珊轶　刘芷辰　冯艳平　古伟森

馆务协调：李　军　闫　明　林　琳

行政支持：罗　旋　陈丹莎　邵　扬　秦　燕　李浪鹏
　　　　　唐水江　饶光锋　赵旖旎　尹柏懿　胡秀娟
　　　　　高文丽　林祖建　黄　萌

文物保护：卢燕玲　李怀诚　杜　宁　岳婧津　邓承璐

教育推广：刘　琨　梁　政　赖聪琳　黄宗晞　郭嘉盈
　　　　　张旭东　吕宇威

社会服务：王　彤　谢　彤　黄景惠　程嘉瑶　黄佳妮
　　　　　王瑾瑜　张凤远　程玉婷

信息技术：海　鸥　高　原　文献军

安全保卫：肖金华　杨业彬　冯　帅　罗礼华　黄雨嫣

资料档案：吕　虹　王海彬　邹佳垚　张　森　巴誉婷

香港中文大学文物馆团队

馆　　长：姚进庄 教授

副 馆 长：许晓东 教授

中国器物主任（副研究员）：王冠宇 博士

典　　藏：陈娟安　黎佩怡　张筱瑜　云朗婷　陈颖潼

摄　　影：邓明亮

明 文徵明《品茶图》（局部）
台北故宫博物院藏

前　言

宜兴古名阳羡、荆溪，以生产紫砂陶而闻名，其制壶工艺成就最为突出。紫砂器盛行于明清，明代是紫砂制作的兴起与成熟期，涌现出了时大彬、陈仲美等制壶巨匠；清代紫砂工艺水平更上层楼，名家辈出。宜兴紫砂陶器极富"文人艺术"意韵。追源溯流，晚明时大彬是为紫砂茶壶确立"文人艺术"特质的第一人。其锐意求新，改制小壶，格调朴雅，影响了同时期以至后继宜兴陶人。至清中叶，文人始于壶上陶刻书画，"文人艺术"风格愈加鲜明独特，也愈受文人及普罗大众的喜爱，自成体系。

深圳博物馆联合香港中文大学文物馆举办本次展览，共展出香港中文大学文物馆藏品166件（套），包括茶壶、博古、文玩及像生等不同类型的紫砂制器。展品造型丰富，制工精美，年代跨越二百多年的宜兴紫砂史，全面展示了宜兴紫砂陶器的各种类型，堪称丰富优雅。尤为重要的是，当中包含相当数量且罕有的博古、文玩及像生紫砂制作，不但系统反映了传世紫砂陶器的风格特色，更有助于我们了解、探索20世纪前期宜兴紫砂陶器的文化内涵，因此更显珍贵重要。

深圳与香港山水相连，同宗同源，关系紧密而特殊。当前，国家正积极推进粤港澳大湾区建设，深港合作正进入新的发展阶段。深港两地将加强文博界的合作交流，为市民奉献更多丰富精彩的文化大餐，共同建设两地美好的未来。

明 丁云鹏《玉川煮茶图》（局部）
故宫博物院藏

目 录

明 陈洪绶《闲话宫事图》（局部）
沈阳故宫博物院藏

妙手抟壶／茶壶

阳羡砂壶据传肇制于明代正德（1506～1521年）年间。「阳羡砂制」，端宜瀹茗，无铜锡之败味，无金银之奢靡，而善蕴茗香，适于实用，文人雅士视同珍玩。其最为引人入胜之处，在于「文人艺术」的特质，渊源可追溯至晚明时大彬（约1546～1619年前）。其改制小壶，推动文人品茗新风，且在壶上署款，一如书画创作。清中叶的文人开拓茶壶上的陶刻书画，书、画、印、壶四艺并美，「文人艺术」之风愈加浓厚，也更受文人与大众喜爱。

紫砂茶壶在彰显「文人艺术」特质的同时，也陷入「真伪混淆」的困局。

晚明以来，每有名工名品面世，当时与其后均有慕名仿品，或冒名伪品。传世紫砂器愈是带有名工款印，愈是真伪混淆，也导致了紫砂器稽考鉴别成为难题。

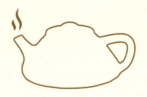

供春传说

　　陶人供春（一作龚春）的生平最早见于周高起（？～1654年）《阳羡茗壶系》中。传说供春为明正德（1506～1521年）时人，本为书童，侍其主于宜兴金沙寺读书时，向老僧学习紫砂制壶。周高起奉金沙寺僧为壶艺"创始"，供春为"正始"。

　　供春从树瘿获得灵感而制壶一说广为流传，故传世"供春壶"以树瘿式为代表。但学界推测该造型实源自吴大澂（1835～1902年）与黄玉麟（1842～1914年）的合作，且由此衍生出不少仿品。考古出土所见明代中晚期紫砂壶，多用于烧水或烹茶，而非泡茶之用，也非传世所见的树瘿式。

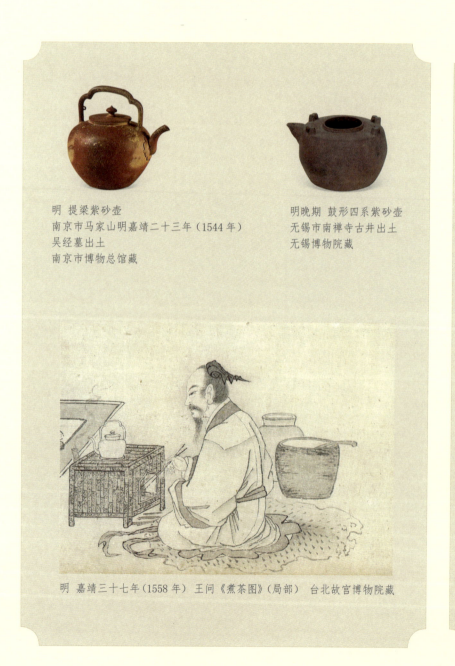

明　提梁紫砂壶
南京市马家山明嘉靖二十三年（1544年）
吴经墓出土
南京市博物总馆藏

明晚期　鼓形四系紫砂壶
无锡市南禅寺古井出土
无锡博物院藏

明　嘉靖三十七年（1558年）王问《煮茶图》（局部）台北故宫博物院藏

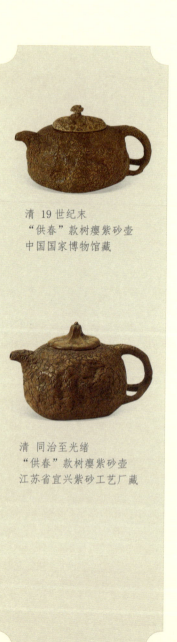

清　19世纪末
"供春"款树瘿紫砂壶
中国国家博物馆藏

清　同治至光绪
"供春"款树瘿紫砂壶
江苏省宜兴紫砂工艺厂藏

001

供春款
树瘿壶

19 世纪末 / 20 世纪初
高 11.5 厘米、长 20.7 厘米
馆藏号 1983.0026

　　此壶仿树瘿造型而制，壶壁仿似松树皮的鳞纹，壶把
状似丫枝，壶盖形如瓜蒂，与壶把相连的壶腹上以篆书刻
铭"供春"二字。

　　一般认为，传世树瘿式"供春壶"绝非供春真品，原
型实出自吴大澂与黄玉麟的合作。黄玉麟曾复制多把树瘿
壶，钤玉麟印章，供吴大澂送赠好友。本壶未具黄玉麟的
印章，应是同期或后制仿品。

千载一时

　　自晚明起，由于文人士大夫阶层的积极参与和品评，壶艺与茶艺并举，促使紫砂工艺迅速发展，制壶名家涌现。时大彬（约 1546～1619 年前），号少山，据传其父时鹏（一作时朋）乃供春之后的明代紫砂四大家之一。时大彬手艺超群，改制紫砂大壶为小壶，推动文人品茗新风，确立了紫砂茶壶"文人艺术"的气质，影响深远。晚明周高起独尊时大彬，在《阳羡茗壶系》中赞曰："明代良陶让一时。"清人吴骞更称之"千载一时"。

时少山壶赞
清·张廷济

一壶千金，一时千载。
曾酌廉泉，青浦遗爱。
入吾清仪，珍同鼎鼐。
永宝用之，时乎难再。

明晚期
"时大彬"款剔红山水人物图紫砂壶
故宫博物院藏

明晚期
"大彬仿古"款紫砂壶
绵阳市涪城区明代窖藏出土
绵阳市博物馆藏

明 万历三十二年（1604 年）
"万历甲辰年大彬制"款长方壶
绵阳市三台县明末窖藏出土
三台县博物馆藏

明晚期 "时大彬制"款紫砂壶
漳州市漳浦县明万历四十年（1612 年）
卢维祯墓出土
漳浦县博物馆藏

明晚期 "大彬"款六方紫砂壶
扬州市江都区丁沟镇明万历四十四年
（1616 年）墓出土
扬州博物馆藏

002

时大彬款
圆壶

18 世纪后期
高 7.5 厘米、长 16.6 厘米
馆藏号 1995.0191

　　壶盖缺失。壶面隐现光泽，壶内厚积茶垢，壶腹近底部微裂，圈足稍有崩缺，皆经长期日用所致。壶底楷书刻铭："行吟山水之中。大彬。"

　　本壶造型及刻铭，大致类同乾隆时期以来的工夫茶壶。紫砂名家顾景舟称赏此壶造工及泥色优美，具时大彬风格，指或为明末清初制品。

003

时大彬款
风卷葵壶

约 18 世纪
高 9 厘米、长 19 厘米
馆藏号 1983.0031

　　整体作五瓣花风卷葵式。壶把下方楷书刻铭"大彬"。
壶注缺损后补嵌锡注，楷书刻铭："沁心。石梅。"石梅
即朱坚（约 1790～1857 年后），始创砂胎锡壶。

　　顾景舟谓风卷葵壶由邵大亨（1796～1861 年）始创，
但不见传器；传世有"杨氏"风卷葵壶，年代定为道光年
间（1821～1850 年）。本壶造工优雅，自然有致，或为
18 世纪制品。

004

时大彬款
直筒大壶

19 世纪后期
高 20.8 厘米、长 22.5 厘米
馆藏号 1995.0281

　　壶壁草书刻铭："张旭三杯草圣传。石泉书。"壶底
钤篆书阴文木印"时大彬制"。壶壁诗句出自唐代杜甫《饮
中八仙歌》，石泉则是清末至今常见于宜兴陶刻的署名。

　　直筒壶盛行于清末民初，即 19 世纪后期至 20 世纪初期。
此壶壶注的水孔为单孔式，属清代后期（19 世纪）作品。

005

时大彬款
龙蛋壶

20 世纪前期
高 14.8 厘米、长 17.2 厘米
馆藏号 1995.0331

　　盖面钤两个楷书阴文长方形印"时大彬制"，后方系
纽下方钤印楷书阴文"逢记"。壶底所钤"宜兴紫砂"，
为清末以来流行印款，款式各有不同。

　　龙蛋壶盛行于清末民初江浙一带的茶坊，是产量较大
的日用壶，形体硕大，可供多人饮用，常配软耳提梁，既
便于握持，相较于硬耳提梁，也不易破损。龙蛋壶常配压
罐盖，盖面常钤两个印章。

006

时大彬款
开光方壶

20 世纪前期
高 11 厘米、长 13.5 厘米
馆藏号 1995.0213

壶底楷书刻铭："万历壬子年。时大彬制。"万历壬子年即万历四十年（1612 年）。

陈信卿款开光方壶与此壶造型手法十分相近。细看风格、款铭及砂质，两壶均属 20 世纪前期的优秀仿古作品。四川三台明末窖藏出土有"万历甲辰年大彬制"款长方壶。万历甲辰年即 1604 年，可证晚明时大彬壶确有干支纪年的署款格式。

陈信卿款
开光方壶

20 世纪前期
高 10.6 厘米、长 14 厘米
馆藏号 1991.0076

　　壶底楷书刻铭："翠竹轩。信卿。"翠竹轩，缺考。陈信卿，活跃于 17 世纪初期，《阳羡茗壶系》有小传，万历（1573～1619 年）时人，擅仿时大彬和李仲芳壶。但他好饮酒，征逐贵游间，不专注造壶，又会"伺弟子造成，修削署款而已"。

008

邵亨裕款
桑扁壶

18 世纪前期
高 7.2 厘米、长 14.5 厘米
馆藏号 1983.0035

　　桑扁壶得名于宜兴当地采桑用竹篓造型，壶底钤篆书阳文方印"邵亨裕制"。此壶泥色深紫，造型朴雅秀逸，或为清初制品。

　　邵亨裕即邵文银，与邵文金为兄弟，万历时人，活跃于 17 世纪初期。据《阳羡茗壶系》，欧正春、邵文金、邵文银、蒋伯荂并列为"大彬弟子"。

孟臣小壶

　　惠孟臣，是继时大彬后又一杰出壶艺大家，活跃于 17 世纪中期，尤以小壶闻名于世，后世称为"孟臣壶"。明末清初，工夫茶开始风靡闽南粤东一带，孟臣壶也因其"香不涣散，味不耽搁"的特点而大为流行。惠孟臣署名被后人随意采用，后世仿者极多，以至于其名款也成为驰名商标。

　　惠孟臣擅于配制各色砂泥，所制壶式品类丰富，当中以梨形壶最具影响，自 17 世纪末外销日本、东南亚及欧洲各地，更对欧洲早期制壶业产生重要影响。

明 天启七年（1627 年）
"友善堂孟臣制"款梅花纹紫砂壶
英国维多利亚与阿尔伯特博物馆藏

清早期
"荆溪惠孟臣制"款菊瓣紫砂壶
故宫博物院藏

清
"惠孟臣制"款梨形紫砂壶
上海博物馆藏

009

惠孟臣款
宽口圆壶

清 乾隆十三年（1748 年）
高 7.9 厘米、长 14.2 厘米
馆藏号 1991.0082

　　本壶朱砂泥色温润素雅，是典型的 18 世纪宜兴朱泥，常见于外销欧洲茶壶。盖里楷书刻铭"品茶"。壶底楷书刻款"乾隆十三年制"；钤"惠""孟臣"篆书阳文圆、方二印。此壶应制作于乾隆时期，钤方圆二印是当时风尚。

010

惠孟臣款
大壶

18 世纪
高 10.2 厘米、长 16.4 厘米
馆藏号 1983.0009

　　紫泥，锣式盖，直流环把。壶底篆书阳文方印"惠孟臣制"。

　　壶盖盖纽较大，属较早期孟臣壶的特色。

011

惠孟臣款
大梨形壶

18 世纪后期
高 10.4 厘米、长 17.6 厘米
馆藏号 1995.0192

此壶底部行书刻铭："满怀风月季常诗。孟臣制。"季常即北宋陈慥，常戴方山冠，人称方山子。壶底款识以竹刀空刻，而非先写后刻。

梨形壶是工夫茶壶的常见造型，产量极多，反映工夫茶之盛。工夫茶需以小壶泡味道香浓的茶，但此红泥壶外形硕大，不宜作工夫茶用，故似是苏浙一带供饮用绿茶的茶壶。

012

惠孟臣款
梨形壶

18 世纪后期
高 8.6 厘米、长 15.2 厘米
馆藏号 1995.0193

　　这是梨形工夫茶壶的又一例子，是常见的红泥壶。壶底微凹，行书刻铭："江上题诗送白云。孟臣制。"

013

―

惠孟臣款
梨形壶

19 世纪中期
高 7.5 厘米、长 12.3 厘米
馆藏号 1995.0194

　　此壶属梨形孟臣壶的传统，褐泥。壶盖里楷书戳印"水平"。壶盖与壶腹浑圆，呈现饱满的美感。壶底微凹，以工整的楷书刻铭"孟臣"，应为钢刀所刻。

014

惠孟臣款
梨形壶

19 世纪初期
高 7.5 厘米、长 12 厘米
馆藏号 1995.0196

　　壶纽底座贴饰鲤鱼，其中破损部分经修复后，再配镶
鎏金铜鲤鱼身。铜制雕花盖纽及系链则应属从欧洲配制之
类。壶的肩部行书刻铭："一尊聊饮芰荷香。时在仲冬之
月作。"壶底钤篆书阳文椭圆印"孟臣"。

015

惠孟臣款
高身小壶

19世纪前期
高 6.7 厘米、长 9.8 厘米
馆藏号 1995.0197

　　深紫泥，穿盖，鼓腹，三弯流，环把。壶盖、壶口、壶足均以凸弦围绕，造工细致。壶底微凹，竹刀刻书款识："南湖秋水夜无烟。孟臣制。"所刻为李白诗句，南湖即洞庭湖。

艺高鸣远

　　清初宜兴紫砂手工业得到普遍推广，丁蜀山一带已形成"家家做坯，户户业陶"的景象，一时名家辈出。陈鸣远便是康、雍时期的代表名家。陈远（1622～1735年），字鸣远，号鹤峰，又号石霞山人、壶隐，有传其父为明代著名紫砂艺人陈子畦。

　　陈鸣远多与当时名士文人交往合作，开创了壶体诗铭作装饰，将书法艺术引入砂壶制作。此外，陈氏擅长雕塑，发展了精巧高雅的像生技艺，制器颇得自然天趣，更丰富了制壶的艺术意趣，终成一代大师。时人有云："宫中艳说大彬壶，海外争求鸣远碟。"

清　雍正四年（1726年）
"丙午仲夏鸣远仿古"款紫砂壶
漳州市漳浦县清乾隆二十三年（1758年）蓝国威墓出土
漳浦县博物馆藏

清　"陈鸣远"款诗文紫砂壶
上海博物馆藏

清　"陈鸣远"款诗文紫砂壶
南京博物院藏

016

陈子畦款
南瓜壶

18 世纪或以后
高 8.4 厘米、长 14 厘米
馆藏号 1991.0077

壶把下方钤篆书阳文方印"陈子畦"。陈子畦活跃于 17 世纪后期，乾隆时期的吴骞《阳羡名陶录》中记其擅仿徐友泉作品，享誉当时，又指为陈鸣远之父。

陈子畦紫砂壶传器仅见南瓜壶一式。然此壶胎体甚为厚重，具清初紫砂之朴拙，却又不免 20 世纪调砂泥之可疑，故订为 18 世纪或以后。

017
—

**陈鸣远款，或为蒋彦亭制
三友壶**

20 世纪前期
高 8 厘米、长 15.6 厘米
馆藏号 1995.0216

壶身仿似扎成一捆的松、竹、梅枝干。壶盖内篆书阳文方印"鹤村"，壶底楷书刻铭："壬午春日。鸣远。"陈鸣远出生于紫砂世家，擅长壶体镌刻诗铭，壶刻书法为一绝，有晋唐书风，署款以刻铭和印章并用。

然而本壶现代感强，或出自蒋彦亭（1894～1943 年）之手，他在 20 世纪 30 年代烧制了大量的陈鸣远紫砂仿品。

018
—

陈鸣远款，或为蒋彦亭制
蚕桑壶

20 世纪前期
高 6.7 厘米、长 17 厘米
馆藏号 1991.0078

　　陈鸣远款的蚕桑造型制品甚多，但以本壶的造型最为
生动传神。壶底篆书阳文方印"陈鸣远制"，甚为罕见。
蒋彦亭也大有可能是制作本壶的陶人。

陈鸣远款，王寅春制
六角壶

20 世纪前期
高 9.2 厘米、长 12.7 厘米
馆藏号 1995.0214

　　壶底楷书刻铭"鸣远"。此壶的造型富现代感，壶注
的制作手法与王寅春一件方壶完全相似，可以判订为王寅
春（1897～1977 年）的制品。

　　王寅春以制坯手艺高而扬名，擅制水平小壶及筋纹壶，
后来受聘至上海制作仿古紫砂。1955 年加入蜀山陶业生产
合作社，1956 年受聘为辅导员，授徒传艺。

020

**陈鸣远款
龙蛋壶**

20 世纪前期
高 17.2 厘米、长 17.5 厘米
馆藏号 1995.0227

　　壶身中部宽而两端窄，因呈蛋形，故称。纽耳后部下方壶腹钤楷书印"吉庆"，或为当时流行的吉祥印。壶底钤"陈鸣远制"篆书阳文方印。

　　龙蛋壶流行于清末民初，期间大量制作，此壶应是 20 世纪前期制品。

021

——

华凤翔
小汉方壶

18 世纪前期
高 11.4 厘米、长 11.4 厘米
馆藏号 1983.0034

　　该壶式仿自汉代铜方壶，明代已有，流行于清初，是宜兴茶壶的传统造型。壶底钤篆书阳文方印"荆溪华凤翔制"。

　　华凤翔活跃于 18 世纪前期，兼长炉钧和加彩紫砂，其汉方壶精美绝佳。据《阳羡砂壶图考》："华凤翔，或云康熙间人，善仿古器。制工精雅而不失古朴风味，别臻绝诣。"其器"巧而不纤，工而能朴，可称神品"。

022

华凤翔
如意云纹汉方壶

18 世纪前期
高 22.7 厘米、长 22 厘米
馆藏号 1991.0080

　　壶体远大于华凤翔小汉方壶。壶注水孔十个，其中小孔九个，最底一个是较大的葫芦形穿孔。壶腹下部四角饰以浮雕如意云纹，壶盖四角亦然。有久经使用而形成的包浆。壶底篆书方印"荆溪华凤翔制"。

炉钧砂器

　　炉钧釉是清雍正年间景德镇御窑厂创烧的一种低温釉，烧成后釉中紫红、蓝、绿、月白等色相互交融，斑璨淋漓。因类于钧窑窑变釉，釉彩在低温窑炉中二次烧成，故称"炉钧釉"。成书于乾隆年间的《南窑笔记》中记载："炉均一种，乃炉中所烧，颜色流淌，中有红点者为佳，青点次之。"宜兴紫砂胎的炉钧釉工艺在乾隆时期已比较成熟，器物外表已难以和景德镇窑瓷胎者相区别。炉钧釉汉方壶在乾隆、嘉庆时期较为流行。

清 乾隆
"荆溪孙渭徵制"款炉钧釉紫砂壶
故宫博物院藏

清 乾隆
"荆溪华凤翔制"款炉钧釉紫砂壶
南京博物院藏

023

徐飞龙
炉钧釉汉方壶

18 世纪中期
高 24.7 厘米、长 25 厘米
馆藏号 1995.0228

此壶外施炉钧釉，壶底篆书阳文方印经美国旧金山亚洲艺术博物馆以 X 射线探测，得以释读为"荆溪徐飞龙制"。

徐飞龙活跃于 18 世纪上半叶，与华凤翔同代，同样擅制汉方壶。徐飞龙汉方壶行销国内及欧洲，分为施炉钧釉、施珐琅彩、素身三类。

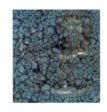 

024

—

静远斋款
金银彩书画壶

20 世纪末
高 7.8 厘米、长 19 厘米
馆藏号 1995.0286

壶壁一侧以金银彩绘山水，另一侧以金彩题诗："御制对瀑叠步韵。石缝飞振鹭，仙浆得道髓。今昔了不隔，那有尘心洗。"壶底阳文篆书方印"静远斋制"。静远斋是康熙第十七子果毅亲王允礼（1697～1738 年）的堂号。雍正病危时，允礼受遗诏辅政。

金银彩绘技术至清末民初已失传，本壶应为 20 世纪末仿品，金银彩则在景德镇加工。

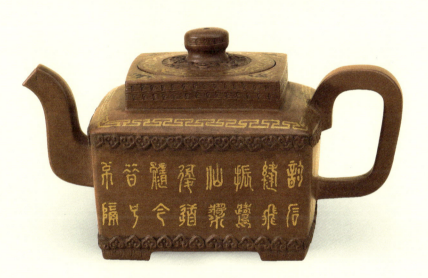

025

—

惠逸公款
圆壶

18 世纪后期
高 8.8 厘米、长 14.7 厘米
馆藏号 1995.0201

　　壶底微凹，竹刀行草刻铭："秋水共长天一色。逸公。"
所刻为唐代王勃《滕王阁序》名句。

　　据《阳羡砂壶图考》，惠逸公是"雍乾时人。形式大
小与诸色泥质俱备，工巧一类，可与孟臣相伯仲，故世称
二惠。"并认为二人或有亲属关系，但无从稽考。惠逸公壶，
尤其小壶之类，赝品往往充斥其中。

026

—

惠逸公款
高身圆壶

19 世纪前期
高 10 厘米、长 14.1 厘米
馆藏号 1995.0202

　　本壶造型简洁，盖沿及壶口的突弦纹设计尤具匠心。
一弯注，大弧形把，壶盖则属后配。微凹的壶底以竹刀行
书刻铭："风鸢何处杏花天。逸公制。"

027
—

惠逸公款
小壶
19 世纪中期
高 4.7 厘米、长 9.2 厘米
馆藏号 1995.0203

　　红泥小壶，造型近乎圆锥体。壶面有脂泥覆盖，色泽
鲜润，壶底微凹，以工整的楷书刻铭："杏花春色在江南。
逸公。"观乎壶底刻铭手法，本壶应属 19 世纪中期制品。

028

—

魏金如
提梁大壶

18 世纪前期
高 22.7 厘米、长 26.5 厘米
馆藏号 1995.0229

提梁浑圆，壶注厚拙，壶壁有久经使用的光泽。底部内凹，钤"荆溪"及"魏金如制"上圆下方阳文篆书印。把梢钤"金如"楷书椭圆印。陶人魏金如生平缺考，大概活跃于 18 世纪前期。

圆印与方印并用，流行于清初，即 17 世纪末至 18 世纪初，后人亦有沿袭。以风格论，本壶应属乾隆前期，即 18 世纪前期的制品。

邵正来
高身圆壶

18 世纪初期
高 12.2 厘米、长 12.8 厘米
馆藏号 1995.0205

　　本壶为中型工夫茶壶，安把系注留有拼接痕迹，属量产茶壶。壶底阳文篆书方印"邵正来制"。

　　邵正来，未见著录，大概活跃于 18 世纪前期，传世作品多为圆壶，其中也有粉彩绘饰。邵氏用印有二，"邵正来制"与"荆溪邵正来制"，皆篆书方印。其壶年代一般订为 17 世纪晚期至 18 世纪中期，本壶应属 18 世纪初期制品。

030

潘虔荣
莲子大壶

清 道光十一年（1831 年）
高 11.6 厘米、长 18 厘米
馆藏号 1983.0028

壶底有楷书刻铭："岁在辛卯仲冬，虔荣制，时年七十六并书。"

潘虔荣（1756 ～ 1831 年后），字菊轩，生于乾隆二十一年（1756 年）。据壶上刻铭，其卒年应在辛卯（1831年）后，《宜兴县志》把他列在长寿耆耋之列。顾景舟曾征引高熙《茗壶说·赠邵大亨君》，称此壶"苍老可玩"。

031
—
万丰
桑扁小壶

18 世纪末 /19 世纪初
高 4 厘米、长 9 厘米
馆藏号 1995.0226

　　宜兴陶人称本壶式为桑扁壶，得名于当地采桑叶用的
竹篓。壶底草书刻诗句及署款：“明月清风客。万丰。”
万丰是约建于 18 世纪的宜兴商号，由后人经营至 20 世纪。

　　本壶著录于《阳羡砂壶图考》中“待考”部分，作者
指出万丰“每镌草书于底，间有只用万丰篆印者……尝见
盖唇有万丰二字”。

032

万丰
扁圆小壶

19 世纪中期
高 4.9 厘米、长 9.7 厘米
馆藏号 1995.0208

　　本壶署款"万丰"，盖里钤楷书"水平"，把梢钤楷书椭圆印"恒记"。恒记，缺考，或为向万丰供壶的陶人印记。"水平"意即将壶倒置时，壶口、壶把、壶注处于同一水平，此字样常见于这类型的小壶。

　　本壶器壁薄，有日用的光泽美感。壶底楷书刻铭"明月松间照"，常见于同类茶壶，出自唐人王维《山居秋暝》。

曼生流风

　　陈鸿寿（1768～1822年），字子恭，号曼生，浙江钱塘人，活跃于嘉庆至道光年间，《阳羡砂壶图考》称其曾任荆溪（今宜兴）县令，精于金石碑版之学，绘画书法均有建树，以治印噪世，为"西泠八家"之一。其任上倡导文人加入砂壶的镌刻题诗创作，同时亲自设计新壶式。曼生壶之创制，反映了清中叶金石风气之盛被及紫砂茶壶。

　　曼生壶虽多为杨彭年、杨凤年兄妹与邵二泉等人制作，陈鸿寿及其好友郭麐等题诗刻字，但因曼生而知名。据徐康《前尘梦影录》载，陈鸿寿为杨彭年题其居曰"阿曼陀室"并画十八壶式与之，今见曼生壶底亦多钤"阿曼陀室"方印。

清　陈鸿寿白文青田石印章
商承祚家族捐赠
深圳博物馆藏
印文：蜗庐旧旁吴宫住
　　　脂粉溪头春水香

清　郭麐铭杨彭年制横云紫砂壶
南京博物院藏

清　嘉庆二十年（1815年）
陈鸿寿铭杨彭年制井栏紫砂壶
上海博物馆藏

清　嘉庆
杨凤年制梅段壶
南京博物院藏

清　陈鸿寿铭杨彭年制提梁紫砂壶
上海博物馆藏

034

陈曼生款、杨彭年款
壶公壶

20 世纪前期
高 8.6 厘米、长 18.1 厘米
馆藏号 1995.0215

　　壶壁刻铭"壶公壶"，楷书署款"曼生为七芗题"。壶底、
把梢分别篆书阳文方印"阿曼陀室"与"彭年"，属典型
曼生壶手法，但其砂质极似 20 世纪仿古泥。

　　壶公，即曼生好友钱杜（1763～1844 年），号松壶，
又号壶公。"七芗"即改琦（1774～1829 年），号香白，
又号七芗、玉壶外史。壶铭意为改琦赠壶予钱杜，请曼生
刻铭，取名"壶公壶"。

033
—

陈曼生款、杨彭年款
方壶

19 世纪前期或以后
高 8.6 厘米、长 13.3 厘米
馆藏号 1983.0018

　　壶壁一侧刻："方山子，玉川子，君子之交淡如此。
曼生铭。"另一侧刻："嘉庆丙子秋七月。杨彭年造。"
壶底篆书阳文方印"阿曼陀室"，把梢篆书阳文方印"彭年"。
方山子即北宋陈慥，字季常。玉川子即唐代卢仝，好茗饮。
二人皆名士。

　　本壶既有明确纪年，又是有"杨彭年造"款的曼生壶
孤例，暂订其年代为曼生时期或以后。

035

陈曼生款、杨彭年款
延年铭瓦当壶

20 世纪前期
高 8 厘米、长 15.5 厘米
馆藏号 1995.0285

  本壶为半月形瓦当式，腹壁一面模印"延年"二字，另一面刻铭："上林甘泉，强半延年。曼生铭。"壶底钤篆书阳文方印"阿曼陀室"，把梢钤篆书阳文方印"彭年"。

  20 世纪的曼生壶仿品不少，本壶泥色殊新，大概是 20 世纪前期的制品。

036

陈曼生款、杨彭年款
乳鼎壶

20 世纪前期
高 7 厘米、长 16.8 厘米
馆藏号 1995.0220

壶壁刻铭："西施洞，玉乳泉。谁试之，石湖仙。曼生铭。"壶底、把梢分别篆书阳文方印"阿曼陀室"与"彭年"。据本壶泥色与风格，应为 20 世纪前期的仿品。

乳鼎之名见于江苏淮安清墓所出同式茶壶，有铭"曼生自作乳鼎铭"。西施洞在宜兴湖㳇龙山，有石乳飞泉。石湖仙或为南宋诗人石湖居士范成大，又或是曼生自喻。

037

陈曼生款
井栏壶

20 世纪前期
高 7.8 厘米、长 14.2 厘米
馆藏号 1995.0199

　　此壶为井栏式壶，壶壁刻铭："石亦可人。壬午二月，曼生书。"壶底篆书阳文方印"为官心存君国"。

　　此壶泥色及刻工皆非曼生壶风格。刻铭之壬午年，应即道光二年（1822 年），曼生久病并卒于是年三月，不可能在二月仍能订制茶壶。壶上铭文与壶式不相应，壶底印章又与曼生无关，故订为 20 世纪制品。

清廷御贡

　　宜兴紫砂器最迟在明万历年间已进入宫廷。清代紫砂产业繁荣，名工巧匠涌现，其手制茗壶、文玩清供等更备受宫廷青睐。清宫紫砂器的来源，一为内务府造办处出样至宜兴定制，二为宜兴地方官员进贡。现存造办处档案对宜兴窑制品多有记录，可与清宫旧藏相印证。

　　紫砂茶器进入宫廷，与皇室嗜茶风尚相关，其生产制作也更为考究。尤其是康、雍、乾三朝画珐琅、漆画、剔红等多种工艺的运用，赋予了紫砂器具奢华的皇家格调。除了装饰御制诗与烹茶图，乾隆时期更为茶具配备各式竹木茶籯，以便携带与存放。虽然大批服务于皇室的工匠未许留名，但其作品无疑代表了紫砂制器的顶尖水平。

茶壶　　　　　　　　　　　　　　　　　　　　　　盖盅

盖碗

清 康熙
"康熙御制"款画珐琅四季花卉纹紫砂茶具
台北故宫博物院藏

清 雍正
花卉竹石图紫砂茶叶罐
故宫博物院藏

清 雍正
黑漆描金彩绘紫砂壶
故宫博物院藏

清 乾隆
剔红杂宝纹紫砂壶
台北故宫博物院藏

清 乾隆
描金御制诗烹茶图紫砂壶
故宫博物院藏

清 乾隆
手提式瘿木茶籯
故宫博物院藏

038
—

杨彭年款
泥绘井栏壶

19 世纪前期
高 8 厘米、长 16.5 厘米
馆藏号 1991.0081

　　此壶为井栏式壶，壶底篆书阳文铭"南溪轩制"，壶
盖篆书阳文长方印"彭年"。南溪轩，缺考，应为订制此
壶的壶主。壶底模印飞鸿及星辰纹，或以秦代飞鸿延年瓦
当为本，原有"延年"二字，此壶则以"南溪轩制"四字
代替。

　　传世杨彭年壶，未见泥绘装饰。此壶宫廷风格极重，
或为 19 世纪制品。

039

杨彭年款
方壶

19 世纪前期
高 9.8 厘米、长 14.5 厘米
馆藏号 1983.0012

  此壶素身，造型方折挺拔。壶底篆书阳文方印"杨彭年制"。杨彭年为众多陶人提供壶坯，"杨彭年制"方印见于不同的合作壶上，各印虽看来相似，却并不相同，似非出自同一人之手。

  陈曼生款、杨彭年款方壶造型与此方壶相同，壶腹刻铭"杨彭年造"。对比之下，此壶似是未经刻铭的"壶坯"。

040

杨彭年款
石瓢壶

20 世纪初
高 8.2 厘米、长 15.4 厘米
馆藏号 1995.0221

　　壶壁隶书刻铭："君子安吉，饮此云腴。东武李氏正玩。"
壶底篆书阳文方印"杨彭年摹古石泉品定"。

　　石铫为典型的曼生壶式之一，亦作石瓢。石泉或为吴
隐（1867 ～ 1922 年），本名金培，字石泉、潜泉，是西泠
印社的创建人之一。吴隐订制的砂壶有署款彭年，底钤"石
泉品定""石泉摹古""石泉品定杨彭年摹古"等。

名工巧制

　　自乾隆晚期到清末民初，紫砂器的发展处于全盛时代，众多高手艺匠、文人骚客参与壶艺。继陈鸿寿曼生壶之后，壶身作画的装饰性大增，且书画并重。其时壶艺名家有如瞿应绍、朱坚、黄玉麟、赵松亭、卢元璋、范章恩、沈孝鹿等，文人与陶人共同创作，推动了融合雕塑、诗词、书法、绘画、篆刻于一体的制壶设计体系的形成。

　　晚清以来商品经济的发展也影响至紫砂行业，紫砂器进入了高度商品化阶段，宜兴自营作坊与各地紫砂商号迅速发展。除了匠人名款，紫砂产品上也出现了店号商标，如铁画轩、万丰顺记、福记等。

清　瞿应绍刻竹紫砂壶
上海博物馆藏

清　18世纪末至19世纪初
邓奎金塗塔紫砂壶
上海博物馆藏

清　嘉庆
邵大亨八卦束竹紫砂壶
南京博物院藏

清　同治
黄玉麟台笠紫砂壶
南京博物院藏

清　同治至光绪
赵松亭"东溪渔隐"款提梁紫砂壶
南京博物院藏

042

瞿应绍、向荣堂
小口圆壶

19 世纪前期
高 9.3 厘米、长 14.1 厘米
馆藏号 1995.0200

　　壶肩行书刻铭："石田先生云：'昔人咏梅云。香中
别有韵，清极不知寒。'此惟芥茶足当之。子冶书。"壶
底篆书方印"向荣堂造"。向荣堂，缺考。

　　石田，即明代著名画家沈周（1427～1509 年）。瞿子
冶借沈周征引古人咏梅诗句来咏芥茶，可谓绝妙。芥茶是
宜兴名茶。晚明时期，宜兴洞山产芥茶最佳，与紫砂壶同
享盛誉。

清 瞿应绍《墨竹图》扇面
湖州市博物馆藏

041

瞿应绍、乔重禧
石瓢壶

19 世纪前期
高 7 厘米、长 15.7 厘米
馆藏号 1983.0022

　　壶壁题识："一枝鲜粉艳秋烟。此余画竹题句也。"
盖上行书刻铭："史亭能制茗壶，以此奉正。子冶。"壶
底篆书方印"月壶"；壶把下方篆书方印"吉安"。

　　子冶，即瞿应绍（1778～1849 年），初号月壶，又号瞿甫、
老冶。好篆刻，精鉴古，工写生，兼用书画装饰紫砂茶壶。
吉安，即乔重禧，与瞿应绍同时活跃于上海。史亭，缺考。

043

瞿应绍、杨彭年、琴壶
合盘壶

19 世纪前期
高 7.2 厘米、长 16.5 厘米
馆藏号 1995.0223

　　壶体如两盘扣合，壶壁上半部刻画老松树干、松针、松子。盖面行书刻铭："云影涛声。子冶。"壶底篆书方印"琴壶"；把梢篆书方印"彭年"。

　　据壶上铭文及印章，此壶应是琴壶订制，瞿子冶刻铭，杨彭年制造的合作壶。同类合作壶在 19 世纪十分常见。

044
—

瞿应绍、杨彭年
合盘扁壶

19 世纪末 /20 世纪初
高 4 厘米、长 13.7 厘米
馆藏号 1995.0224

　　壶壁行书题识："八斗之子才。子冶书。"壶底篆书
方印"杨彭年造"；壶盖里楷书木印款"汝霖"。

　　观乎此壶的泥色及抛光，应是 19 世纪末或 20 世纪初
外销日本的工夫茶壶。"汝霖"应是制陶人，缺考。杨彭
年印及子冶署款均不可信。"子才"即"随园先生"袁枚
（1716～1798 年），文笔与直隶纪昀齐名，时称"南袁北纪"。

045

乔重禧、杨彭年
石瓢壶

19 世纪前期
高 7 厘米、长 14.2 厘米
馆藏号 1983.0021

　　壶壁行书题识："罗浮香影。鹭洲题。"壶底钤篆书
阳文葫芦印"吉壶"；盖里篆书阳文长方印"宜园"；把
梢篆书阳文方印"彭年"。鹭洲、吉壶、宜园，均为乔重
禧的字号。

　　继曼生壶之后，紫砂壶装饰性大增，书画并重。追源
溯流，书画壶早在乾隆时期已成为宫廷紫砂的风尚，及至
嘉道时期的文人茶壶中又盛极一时。

046

乔重禧款、杨彭年款
扁方壶

20 世纪前期
高 4.2 厘米、长 15.8 厘米
馆藏号 1995.0217

　　壶壁一侧印隶书铭文："晋泰和五年。"平齐壶盖的
壶肩上刻楷书题识："月林花泊鉴造。鹭洲。"壶底钤篆
书阳文葫芦印"吉壶"；盖里篆书阳文长方印"宜园"；
把梢篆书阳文方印"彭年"。

　　壶身以晋砖铭文为装饰，既见当时金石学之盛，亦是
曼生壶的遗风。观乎砂质及手艺，本壶极可能是 20 世纪前
期的制品。

047

邓奎
井栏壶

19 世纪
高 6.3 厘米、长 17 厘米
馆藏号 1983.0023

　　壶盖缺失。壶壁一侧刻："南山之石，作为井栏，用以汲古，助我文澜。符生铭。"另一侧刻："银床。义山诗云'却惜银床在井头'。银床即井栏也。符生志。"壶底钤篆书阳文"符生邓奎监造"。

　　邓奎活跃于道光时期（1821～1850 年），字符生，擅书能文。尝为瞿应绍至宜兴监造茗壶，代镌铭识，亦有撰铭自制。

048

冯彩霞
梨形壶

19 世纪中期
高 6.5 厘米、长 10.7 厘米
馆藏号 1995.0195

　　壶底楷书刻铭："一勺水之多。孟臣。"壶盖里木印戳楷书"水平"；盖唇楷书刻铭"彩霞"；壶把梢楷书阳文椭圆印"昌记"。

　　冯彩霞为 19 世纪著名宜兴女陶人，活跃于道光年间，擅制工夫茶小壶。传器刻款有如此壶，也有印款，署款各异，或出自不同陶人之手。昌记是制壶的陶人或店号，常见于 19 世纪下半叶的茶壶上。

049

冯彩霞
梨形小壶

19 世纪中期
高 6.7 厘米、长 11.3 厘米
馆藏号 1983.0013

　　壶底内凹，有楷书刻铭："中有十分香。彩霞。"壶把下方钤楷书椭圆印"恒记"；盖里刻"水平"二字。

　　此壶是一把典型的水平壶，即将壶倒置时，壶注、壶口、壶柄皆在同一水平。经久使用，壶体微裂，盖沿微损，盖唇包白铜，可见壶虽破损，但经修补并继续使用。

050

冯彩霞款
梨形小壶

19 世纪中期
高 6 厘米、长 10.3 厘米
馆藏号 1983.0014

本品罩红色脂泥，是典型的冯彩霞工夫茶小壶。壶底
内凹，钤阳文篆书方印"彩霞监制"。

051

伍元华款
梨皮小壶

19 世纪后期
高 6.9 厘米、长 9.2 厘米
馆藏号 1995.0206

棕红泥色，梨皮效果甚佳。壶底刻铭"伍氏万松园监制珍藏"。伍氏即伍元华（1800～1833 年），南海（今广州）人，能诗善画，嗜茗壶，在广州建万松园，园内筑听涛楼。特聘冯彩霞至园中炼土开窑，多制小壶，署"万松园"或"听涛山馆"款。

此壶有朵花式七个注水孔，应属外销日本商品，非伍氏监制。刻铭仅为满足对名人名壶的需求。

砂胎锡壶

　　明末清初以来，锡壶与砂壶同时流行。清初锡壶以沈存周（约 1629 ～ 1709 年）为名手，至中晚期，朱坚将两种材料合而为一，创制砂胎锡壶。朱坚（约 1790 ～ 1857 年后），字石梅，浙江绍兴人。除了身为制壶名家，朱坚还擅长金石书画，精于鉴赏，著有《壶史》，惜已佚。其器皿落款丰富，有朱坚、石梅、石眉、石某、野鹤道人、铁壶仙史等。朱坚活跃于嘉庆、道光年间，其砂胎锡壶的一大特色，为"三镶"装饰手法，即盖纽、壶注、把手三处镶玉。

清 道光
朱坚"石梅"款仿汉砖紫砂壶
南京博物院藏

清 道光九年（1829 年）
朱坚、杨彭年包锡刻花诗文紫砂壶
南京市栖霞区张化村清咸丰元年（1851 年）墓出土
南京市博物总馆藏

清晚期
朱坚"石梅"款梅花图诗文锡壶
故宫博物院藏

清晚期
朱坚"石梅"款镶玉包锡紫砂壶
故宫博物院藏

052

朱坚、红珊馆
环竹壶

清 道光六年（1826年）
高 10 厘米、长 17.2 厘米
馆藏号 1983.0020

　　包锡砂胎，壶壁一侧题识："松柏同春图。野鹤。"
另侧刻铭："如竹虚中，如环玲珑，用作茶具银铛同，雪
瓯碧碗来香风。"行书署款："道光丙戌三月。石梅制。"
紫砂壶胎内底钤篆书阳文方印"红珊馆制"。

　　石梅即朱坚。野鹤，即朱鹤年，字野云，号野堂、野
云山人，江苏维扬人，以山水、人物画著称。"红珊馆"缺考。

053

朱坚、潘大和
井栏壶

19 世纪
高 16 厘米、长 7.2 厘米
馆藏号 1983.0011

　　包锡砂胎，壶壁两侧上刻书画，一面为梅竹，一面行草书刻铭："一榻茶烟结翠，半窗花雨流香。石梅。"紫砂壶胎内底钤篆书方印"潘大和造"。

　　石梅即朱坚。潘大和，缺考，应是与朱坚同时期的制壶名家。

朱坚款
圆壶

19 世纪末 /20 世纪初
高 8.6 厘米、长 15.5 厘米
馆藏号 1983.0019

　　腹部圆鼓。一弯流，环把。壶盖属后配，盖沿有金属镶圈。壶肩略平，上以行草刻铭："洞寻玉女餐石乳，朱颜不衰如婴儿。石梅。"壶底篆书方印"石泉品定"。

　　石梅即朱坚。石泉，或即吴隐（1867～1922 年），本名金培，字石泉、潜泉，是西泠印社的创建人之一。本壶当为 19 世纪末或 20 世纪初制品，铭文非朱坚本人所刻。

055

—

黄玉麟
大圆壶

19 世纪末 /20 世纪初
高 7 厘米、长 15.4 厘米
馆藏号 1983.0024

　　本壶有使用痕迹，壶盖因微裂而以白铜环加固。盖里钤"玉麟"阳文篆书方印。

　　黄玉麟（1842～1914 年），原名玉林。1895 至 1898 年间，受聘为金石收藏家吴大澂制壶，均钤"愙斋"印章。曾被定为吴大澂收藏的树瘿式供春壶，实乃这一时期黄玉麟与吴大澂的共同创制。黄玉麟曾制多把树瘿壶，供吴大澂送赠好友。

056

黄玉麟
圆壶

19 世纪末 /20 世纪初
高 9 厘米、长 17.6 厘米
馆藏号 1983.0025

　　此壶壶注的基部宽厚稳重，是典型的黄玉麟风格。"玉麟"钤印共有方印及椭圆印二式，本壶盖内钤"玉麟"楷书阳文椭圆印。

　　黄玉麟善制"覆斗""鱼化龙"诸壶式，晚年每制一壶，必精心构撰，每把壶售二两银，须极贫乏时再制，否则百金不动心。晚年贫病交迫，中风手颤，不能制壶，依靠制作假石山维生。

057

赵松亭
书画仿鼓壶

清 光绪二十年（1894 年）
高 9.5 厘米、长 19 厘米
馆藏号 1983.0027

　　壶壁行草刻铭："渊其中，骏其色。是茶仙，有琴德。甲午东溪生书刻。"盖里钤"支泉"篆书阳文方印，壶底钤"愙斋"篆书阳文方印。

　　愙斋即吴大澂。支泉即赵松亭，或称九龄，号东溪、东溪渔隐，清末民初宜兴陶人。1893 至 1894 年底受聘于吴大澂，期间制壶壶底钤愙斋印，盖里钤本人印，刻划书画署款"东溪"或"东溪生"。

卢元璋
瓦当圆壶

20 世纪早期
高 5.6 厘米、长 18 厘米
馆藏号 1995.0219

壶面（连盖面）及壶底泥绘"延年益寿"瓦当。盖里
篆书阳文方印"元璋"。壶壁、壶注、壶把嵌饰金刚砂。

卢元璋，又名卢生荣，活跃于 20 世纪早期，是向铁画
轩供壶的陶人之一，善制金刚砂茶壶。其传世茶壶极少，
故本壶甚为罕有。

059

万丰顺记
钟形壶

19 世纪末至 20 世纪初
高 11.2 厘米、长 17.3 厘米
馆藏号 1995.0209

　　壶底钤楷书阳文方印"万丰顺记"。该店的成立应不晚于同治（1862～1874 年）年间，主要活跃于 19 世纪末至 20 世纪初。店主蒋万丰，店址在宜兴蜀山南街。

　　该店用印有"万丰"篆书印、连回纹边饰"万丰顺记"楷书印、极小的"万丰"印或刻款。"万丰顺记"印为其光绪（1875～1908 年）年间所用。本壶即属其批量生产的日用壶。

060

范章恩
大汉君壶

20 世纪早期
高 7.3 厘米、长 17.2 厘米
馆藏号 1983.0010

　　此壶壶流有朵花式水孔七个。壶底钤"范章恩记"篆
书阳文方印；盖里钤"迪恩"篆书阳文方印。

　　范章恩，又名迪恩，《阳羡砂壶图考》误订为乾隆时
人，实则活跃于清末民初的 20 世纪早期，曾为清末大臣端
方（1861 ～ 1911 年）造壶，又擅制扁圆壶。

061

范章恩
为端方制方提梁圆壶

清 宣统元年（1909 年）
高 11 厘米、长 10 厘米
馆藏号 1983.0032

壶底钤篆书阳文"宣统元年月正元日"印，把梢楷书阴文印记"迪恩"。盖里钤"匋""斋""宝华盦制"三方篆书阳文印。

"匋""斋"合为端方的号。端方，原为汉人，姓陶，字午桥，后改入满族正白旗，在南京建有宝华盦珍藏雅玩。端方曾订制一批紫砂壶以纪念宣统元年，壶盖内及壶底的钤印一如此壶。

062

余生
秦权壶

19 世纪末 /20 世纪初
高 9.5 厘米、长 10.7 厘米
馆藏号 1995.0222

　　该壶为秦权造型，壶壁上方前后各出半圆形系，供系软耳提梁。壶注下方楷书刻铭"鹤颠"，壶底钤篆书阳文方印"松鹤庐"，盖里钤篆书阳文方印"余生"。

　　余生活跃于 20 世纪早期，应是清末民初与赵松亭、俞国良同时期的制壶名手。《阳羡砂壶图考》将此壶列入"待考"一类，评其"似出嘉道间名手所制"。

063

—

福记
微型方壶

20 世纪早期
高 3 厘米、长 5.8 厘米
馆藏号 1995.0210

　　本壶形体小巧，应供玩赏收藏。壶底铃楷书阴文印
"福记"。

　　福记是程寿福（1853～1926 年）于清末民初之际创立
的紫砂店。程寿福又名陈绶馥，祖籍杭州，幼时避太平天
国乱，举家移居宜兴川埠惠家村，被惠孟臣后人收养。擅
制微型壶，铃印"香凡"或"荆溪惠孟臣"。福记是家庭
作坊，雇请陶工为多家店铺供壶，尤其精制微型壶。

行销海外

　　随着明清以来茶叶与陶瓷贸易的繁荣，宜兴紫砂不仅畅销国内，更出口至日本、东南亚、欧洲等地，世界各地沉船出水遗物中也多有发现。早期外销茶壶主要为贴花红泥壶，欧洲人尤为珍爱，每以金属镶嵌壶注，又以链条将壶盖连系壶注或壶把。紫砂茶具成为了早期输入欧洲的茶具代表，更影响了当地窑业发展。17世纪起，荷兰代尔夫特的工匠便仿制出类似紫砂的朱泥硬陶，随后英、德等地窑场亦有仿制。

　　1907年泰王拉玛五世订烧的一批宜兴紫砂壶，是外销东南亚茶壶的代表作。壶缘和底部有泰文"125"和"泰国"印款，当为纪念泰国却克里王朝 (Chakri Dynasty) 成立125周年而制。

1670～1680年
彼得·杰瑞兹·范·罗斯特莱登
(Pieter Gerritsz van Roestraten)
《中国茶杯》布面油画
德国柏林画廊藏

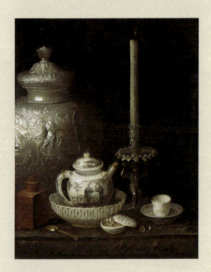

约1695年
彼得·杰瑞兹·范·罗斯特莱登
(Pieter Gerritsz van Roestraten)
《茶壶、姜罐与奴隶形座烛架》
布面油画
英国维多利亚与阿尔伯特博物馆藏

约1715年
《两位女士与一位官员在喝茶》
布面油画
英国维多利亚与阿尔伯特博物馆藏

外销紫砂

哥德马尔森号（Geldermalson）沉船
清乾隆十六年十一月十七日（1752年1月3日）沉没
新加坡港东南部海域出水

泰兴号（Tek Sing）沉船
清道光二年（1822年）沉没
印度尼西亚北部海域出水

迪沙如号（Desaru）沉船
清道光年间（约1845年）沉没
马来西亚迪沙如海域出水

采自：
黄健亮《南海沉船中的茶事讯息》，
《故宫文物月刊》2008年5月总302期

17 世纪晚期
婴戏纹镶金紫砂壶
荷兰国家博物馆藏

19 世纪上半叶
"程世华制"款彩釉紫砂壶
英国维多利亚与阿尔伯特博物馆藏

"泰国"泰文款

"125"泰文款

清 光绪 约 1907 年
泰文款镶金紫砂壶
香港艺术馆藏

19 世纪 "留佩"款镶金梨形紫砂壶
香港艺术馆藏

欧洲仿制:

约 1690 ～ 1698 年
荷兰制花卉纹杯
英国维多利亚与阿尔伯特博物馆藏

1671 ～ 1708 年
荷兰代尔夫特制花卉纹壶
美国大都会艺术博物馆藏

17 世纪晚期至 18 世纪初期
荷兰制加彩提梁壶
香港艺术馆藏

1760 ～ 1765 年
英国韦奇伍德瓷厂制花卉纹壶
美国大都会艺术博物馆藏

17 世纪晚期
英国制花卉纹杯
香港艺术馆藏

约 1710 ～ 1712 年
德国迈森瓷厂制军持
美国大都会艺术博物馆藏

约 1710 ～ 1713 年
德国迈森瓷厂制观音像
美国大都会艺术博物馆藏

18 世纪初
德国制贴花咖啡壶
香港艺术馆藏

墨缘斋
圆壶

19 世纪末 /20 世纪初
高 7.2 厘米、长 10.2 厘米
馆藏号 1995.0204

　　壶底钤篆书阳文方印"墨缘斋制"。墨缘斋是 19 世纪
后期的宜兴茶壶作坊，制品供销日本，此壶即属其一。19
世纪，茗饮之风遍吹潮州、日本、东南亚，水平壶大量制
作以供市场。

　　墨缘斋也是紫砂大师顾景舟（1915 ～ 1996 年）年轻时
的书斋堂名。1930 年代，其早期作品钤印有"墨缘斋制""墨
缘斋景堂制"及"景记"等。

065

铁画轩
提梁圆壶

20 世纪早期
高 9.7 厘米、长 11 厘米
馆藏号 1995.0207

壶壁刻铭"白下玉道人并作",壶底及壶盖里钤"铁画轩制"篆书阳文印,壶底圆印,盖里方印。

上海铁画轩是专营紫砂的店号,店主戴国宝(1875～1927年)起初擅以铁刀刻瓷,故店号取名铁画轩。20 世纪初改刻紫砂,由宜兴购入壶坯,于店中加刻书画,署款玉道人、玉屏等,钤"铁画轩制"印。其制品一度远销欧洲、日本及东南亚。

066
—
沈孝鹿
玉环壶

20 世纪前期
高 6.5 厘米、长 19.4 厘米
馆藏号 1995.0218

　　壶身厚重，久经使用。壶底钤"沈孝鹿"阳文篆书方印；
盖里钤"孝鹿"阳文篆书方印，后者为顾景舟所刻。

　　沈孝鹿（1909～1967 年），曾与弟沈孝虎以"孝陶"
款制小壶供应日本。1920 年代为赵松亭制水平壶，销往泰国，
又向名店毛顺兴供壶。曾与顾景舟合作，以自怡轩印款为
上海铁画轩制壶。其自用印章尚有"小陆"及"孝陆"二印。

067

留珮
小圆壶

19 世纪前期
高 7.2 厘米、长 12 厘米
馆藏号 1995.0198

壶底楷书刻铭："松风吹乱石床花。留珮制。"盖里篆书阳文椭圆印"元州"。

《阳羡砂壶图考》列举留珮壶数例，造工极佳，但书法各有不同，留珮其人时代背景难以确定。传世留珮壶各有不同的年代和造型，出自不同陶人之手。有学者指出有两位陶人参与制作留珮壶，一陶人钤印"鼎盛监制"，另一则是活跃嘉道年间的邵景南。

068

万历款
红泥圆壶

19 世纪晚期
高 8.1 厘米、长 17.3 厘米
馆藏号 1983.0029

　　19 世纪末至 20 世纪初，宜兴紫砂壶大量外销东南亚。
因应市场需求，这时期制作了不少带有帝王年号及名工刻
款的紫砂壶。本壶壶底即楷书刻款"万历"。

069

—

元江
小圆壶

19 世纪前期
高 5.1 厘米、长 10.5 厘米
馆藏号 1983.0016

　　盖里钤篆书阳文椭圆印"元江"。壶底以竹刀行书刻铭:
"会向瑶台月下逢。乐寿堂。"诗句引自唐代李白《清平调》。

　　乐寿堂位于上海豫园。上海人潘允端（1526～1601 年）
是明嘉靖年间进士，官至四川右布政使，为侍奉父亲潘恩
而建豫园。豫园后划为城隍庙西园，商铺娱乐兴盛，游人
会集，紫砂名商铁画轩也在此经营。

070

内所侍忠
桑扁小壶

19 世纪后期
高 4.6 厘米、长 9.7 厘米
馆藏号 1995.0225

　　本壶的造型是典型的桑扁壶式。壶体红泥，施紫泥陶衣。
壶底钤篆书方印"内所侍忠"；把梢楷书椭圆印"昌记"。
内所侍忠，缺考。

　　本壶并非宜兴紫砂壶，而是潮汕地区的拉坯壶。壶盖
甚厚，壶注穿孔草率。

君德款
小壶

19 世纪后期
高 6 厘米、长 12 厘米
馆藏号 1983.0033

　　壶把下楷书刻"君德"，壶底楷书刻"雍正年制"。

　　《阳羡砂壶图考》置君德于"待考"，并评此壶"造工极精"。有陶人张君德制作紫砂围棋盖钵，未知是否为制作小壶者。"君德"款紫砂小壶一般订为清代，20 世纪前期也有制作。本壶"雍正年制"款固不可信，表面罩红泥，非宜兴所制，而是潮汕地区的拉坯壶。

072

—

无款
六瓣合菱壶

18 世纪后期
高 8 厘米、长 15 厘米
馆藏号 1983.0030

　　本壶为红泥壶，由盖纽至圈足，包括壶把及壶注，均作菱瓣式，共六瓣。晚明已有菱花壶，《阳羡茗壶系》载："沈子澈，崇祯时人，所制壶古雅浑朴。尝为人制菱花壶。"

　　传世有雍正、乾隆时期的无款六瓣合菱壶，但论气魄、力度，俱不及此壶。本壶阳刚有力，造工上乘，大概是 18 世纪制品。

073

无款
菊瓣壶

18/19 世纪
高 8.1 厘米、长 10.7 厘米
馆藏号 1995.0211

　　壶体仿菊花造型，壶盖与壶口要通转每瓣都能盖合，扣合紧密，是宜兴红泥壶筋形器的经典造型。菊瓣壶通常是偶数瓣，本壶属十六瓣式。

074

无款
菊瓣壶

18/19 世纪
高 7.6 厘米、长 9.8 厘米
馆藏号 1995.0212

　　本壶为十六瓣式菊瓣壶。

重要著录

　　明末周高起所撰《阳羡茗壶系》，成书于崇祯（1628～1644年）年间，是首部论述宜兴紫砂的专著。该书分品第评述宜兴知名紫砂陶人，并介绍紫砂茶壶的款识、泥质、工艺、使用等，在陶瓷史与茶文化史上都具有重要的学术价值。清代学者吴骞（1733～1813年）在此基础上写成《阳羡名陶录》，除了订正前书内容，更增补明末清初陶人，选辑其时涉及紫砂的评论与诗文。

　　1937年，茗壶藏家李景康、张虹合著的《阳羡砂壶图考》于香港百壶山馆出版，因时逢抗日战争而仅刊出上卷文字部分，下卷图版历经散佚而终归台湾詹勋华所得，后于1982年出版。上卷参照既往著录加以考证，对清代至民国初年陶人多有记载，内容更为丰富，乃其时紫砂著述集大成之作。

周高起《阳羡茗壶系》
清康熙三十六年（1697年）《檀几丛书》本
美国哈佛大学图书馆藏

李景康、张虹《阳羡砂壶图考》
1998年香港中文大学文物馆版

清 乾隆三年（1738 年）
陈枚《月曼清游图》册之十一月《围炉博古》（局部）
故宫博物院藏

铄古追怀／博古

博古，古器物之雅称，俗称古玩。紫砂博古主要据古代铜器造型而制，以抒发文人雅士思古之幽情。明末清初，复古之风大盛，其时已有紫砂博古制器。然而，一如紫砂茶壶，妄加印款的现象也见于传世紫砂博古中，以至20世纪仿古制器也多带有明末清初的名工款印。

传世紫砂博古主要采用仿古紫砂常用的「调砂泥」，或所谓「仿古泥」，而且器表常有涂黑造旧的痕迹。结合器物造型、工艺风格等考察，这一品类多属20世纪前期上海古玩市场催生的仿古紫砂。

紫砂博古的概念也融入于茶壶与文玩的设计中，制作优美，适用于陈设，也可视同雅玩，充分反映文人的生活情趣。

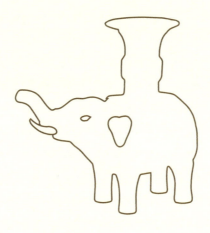

金石传韵

　　金石之学源于北宋，学者通过对古代铜器与石刻的鉴藏，以求考订文字，证经补史。清代以来，金石考据学风浓厚，两宋金石著录多次订正重刊，《西清古鉴》《西清续鉴》《宁寿鉴古》等图录相继问世，更推动了社会的复古风尚。文人群体更将博古理念寄寓于紫砂制作中，紫砂博古即由此而兴。陶工即使未能直接观察这些古物，也能依照文献模仿制作。

　　紫砂博古器多仿商周铜器制作，或模仿整体造型，如爵、觚、尊、盉、簋等；或参酌局部纹饰，如云雷纹、兽面纹、蝉纹等。紫砂制器烧成后，色泽、质感亦具金石气韵，颇得文人慕古之心。

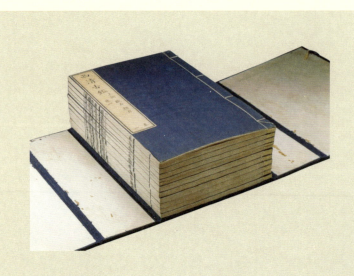

清乾隆二十年（1755年）武英殿刻本
《西清古鉴》四十卷（附《钱录》十六卷）
故宫博物院藏

商晚期
兽面纹铜觚
故宫博物院藏

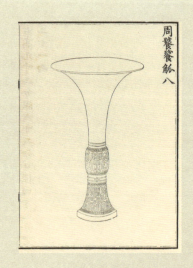

清 乾隆
兽面纹紫砂觚
故宫博物院藏

西周中期
次卣
故宫博物院藏

清 乾隆
象耳提梁紫砂壶
故宫博物院藏

西汉
鹅首曲颈铜壶
三门峡市后川村墓群出土
三门峡市文物考古研究所藏

明晚期
宜钧釉凫首曲颈壶
故宫博物院藏

三国·吴 天玺元年（276年）
国山碑
宜兴市张渚镇善卷洞国山

清 "彭年"款国山碑文紫砂笔筒
南京博物院藏

075
—

**邵文金款
凤耳炉**

20 世纪前期
高 7.4 厘米、口径 16 厘米
馆藏号 1995.0316

　　本炉为仿古簋式，两侧饰凤耳。炉底钤金文阳文方印"邵
文金作"。邵文金，即邵亨祥，明万历时人，时大彬弟子，
活跃于 17 世纪前期。《阳羡茗壶系》称其"仿时大彬汉方
独绝"。

　　本品造工精美，属民国初年亦即 20 世纪前期邵文金款
仿古紫砂中之佳制。邵文金款制品多见钤"文金"二字印，
此四字印十分少见。

商晚期　兽面纹铜簋
美国旧金山亚洲艺术博物馆藏

**邵文金款
象耳觯**

20 世纪前期

高 16.2 厘米

馆藏号 1995.0317

　　仿古青铜觯，两侧贴象耳，造型优雅。器底钤金文阳文方印"文金"。

　　邵文金时期尚未流行钤印，加上泥质的特殊调配，可见本品是 20 世纪前期制品。

077
—
邵文金款
铺首方尊

20 世纪前期
高 12.3 厘米
馆藏号 1995.0318

　　此器仿青铜方尊，两侧贴饰铺首衔活环。器底钤金文
阳文方印"文金"。据当代宜兴陶塑大师徐秀棠，本品肩
部饱满有力，足见陶人手艺精湛，令人钦羡。

　　20 世纪前期，仿古青铜器紫砂制品之中，尤其以带邵
文金款者工艺精湛，气度典雅。

明 错金银鸟首铜盉
台北故宫博物院藏

078

**邵文金款
天鸡壶**

20世纪前期
高7.7厘米、宽9.5厘米
馆藏号 1995.0283

　　本壶以三足立地天鸡为造型，壶注呈鸡首状，壶把S形，穹形盖，通体褐红色梨皮泥。器底钤金文阳文方印"文金"。

　　本品虽然钤"文金"印，然晚明陶工例于制品上署刻款识，而未流行钤印，加上泥质调配方式特殊，可证本品是20世纪前期之作。

079

邵文金款，裴石民制
骆驼

20 世纪前期
高 6.5 厘米、长 8.5 厘米
馆藏号 1995.0327

此像造型为骆驼，空心。经刻意涂黑仿古，唯部分黑色颜料已经消褪。腹底钤金文阳文"文金"方印。

裴石民 (1892 ～ 1977 年) 又名裴德铭，宜兴蜀山人。裴石民居于上海约 20 年，期间曾为不同古董商仿古造伪，有"陈鸣远第二"之称。后返回宜兴，1938 ～ 1945 年间开设店铺销售自己的制品，1954 年加入蜀山紫砂工艺合作社。

秦 金、银骆驼
西安市秦始皇陵外城西侧陵区 M1 出土
秦始皇帝陵博物院藏

080

陈仲美款
犀牛

20 世纪前期
高 7.8 厘米、长 13.8 厘米
馆藏号 1995.0329

　　此像器底钤金文阳文方印"陈仲美制"。经涂黑造旧，黑涂料仍可见于某些凹位及钤印的阴刻线条。明代陶人少用印章，此品应是 20 世纪仿古紫砂的佳作。

　　陈仲美（？～约 1640 年前）生平见于《阳羡茗壶系》，专擅雕镂，有可能将景德镇瓷业的经验或影响带到宜兴；又有后继者明末陶人沈君用，二人当为"陈鸣远风格"之先导者。

商晚期　小臣艅犀尊
清代山东省寿张县出土（今济宁市境内）
美国旧金山亚洲艺术博物馆藏

081

陈仲美款
覆斗洗

20 世纪前期
高 6 厘米
馆藏号 1995.0303

覆斗式洗，方形，口小腹大。两侧贴饰铺首耳，原本
或配紫砂或金属圆环。器底钤金文阳文方印"陈仲美制"。

鉴于明代紫砂陶人少在制品上钤印，这大概是 20 世纪
前期的制品。

082

陈仲美款
盉式壶

20 世纪前期
高 11.2 厘米、长 11 厘米
馆藏号 1991.0079

　　仿古铜盉造型，壶体正面呈三棱瓣状，顺棱脊而下承以三圆足。壶盖及盖纽亦为棱瓣式，壶注上弯，壶把有錾。本壶曾经涂色造旧，色层现已部分剥落。壶底楷书刻款"陈仲美"。

西周中期　伯定盉
台北故宫博物院藏

083

陈仲美款
天鸡壶

20 世纪前期
高 8.4 厘米、长 9 厘米
馆藏号 1995.0284

　　仿古铜盉造型，配以穹形盖，盖纽穿小气孔，下承三足。
壶身造工精致，红泥掺砂并有铁质黑点。器底钤金文阳文
方印"陈仲美制"。

陈仲美款
牺尊

20 世纪前期
长 22.2 厘米
馆藏号 1995.0321

　　此器造型为仿古铜牺尊。器底楷书刻款"辛酉春，仲美造"。四足上方刻卷云纹，此手法常见于陈仲美款紫砂制品。

　　传世所见陈仲美款牺尊大小不一，造型相近，且有钤印，令人生疑，因为在制品上钤印，不是明代的习尚。

商晚期至西周早期
铜牺尊
宝鸡市石鼓山商周墓地 M4 出土
石鼓山考古队藏

明 崇祯六年（1633 年）
"崇祯癸酉"款铜牺尊
湖南博物院藏

085

陈仲美款
双羊尊

20 世纪前期
高 12 厘米
馆藏号 1995.0320

　　本品以商代双羊尊为原型仿制而成，足部上方的卷云
纹则沿袭古青铜器遗风。器底钤金文阳文方印"陈仲美制"。

　　中国历代素有以古青铜器为摹本的仿作，在博古之风
盛行的时期，同类仿作尤多。鉴于本品的段泥质料，可推
断非明代制品，其钤印亦属清代而非明代陶人风格。

商晚期
铜双羊尊
大英博物馆藏

086

陈仲美款、裴石民制
匜

20 世纪前期
高 6.7 厘米、长 10.4 厘米
馆藏号 1995.0302

　　本品是裴石民制品。仿古铜匜，有斟注用的流及把手。段泥，掺砂成梨皮泥。器腹饰四条凸弦纹，下承四足。兽首饰把手的顶部及四足，流的下方饰有兽首衔环。器底钤金文阳文方印"陈仲美制"。

西周　兽目交连纹铜匜
临汾市曲沃县羊舌村出土
山西博物院藏

徐友泉款
太平有象水注

20世纪前期
高 11.4 厘米、长 13 厘米
馆藏号 1995.0314

　　本品作象背尊式瓶的造型，器底楷书刻款"友泉"。象驮大瓶，寓意太平有象，是清代盛行的吉祥形象。本品为20世纪前期托名之作。

　　徐友泉，万历时期宜兴陶人，活跃于16世纪末至17世纪初。其父喜好时大彬壶，延致家塾。徐友泉受教于时大彬而成名家，擅制各式茶壶与博古器，调配各种色泥。

商晚期　铜象尊
美国国家亚洲艺术博物馆藏

清　铜象尊
湖南博物院藏

088
—
徐友泉款
三羊尊

20 世纪前期
高 4.8 厘米、口径 7.1 厘米
馆藏号 1995.0301

清　三羊铜炉
苏州博物馆藏

　　器身纵分三瓣，每瓣饰羊首衔环，下承六足，器底楷书刻款"友泉"。本品当属托名徐友泉之作。

　　三羊，寓意"三阳开泰"，是新春时节的吉祥图像。明宣德四年（1429 年）御笔《三阳开泰图》中，石旁花丛有一只公羊、两只母羊，自此三羊图像多见于明代装饰工艺。及至清乾隆朝（1736～1795 年），更大量应用于玉器雕饰。

089

——

徐友泉款
提梁牛壶

20 世纪前期
高 11.2 厘米、长 12.2 厘米
馆藏号 1995.0282

　　直立牛形，配弧形提梁。壶底楷书刻款"友泉"。

　　本品紫泥掺砂，加入钴以致夹杂气泡，因而烧制欠佳，类似气泡亦见于另两件徐友泉款牛尊。根据相同气泡，可证三件牛尊同出一窑，甚至同一陶人之手。大概由于徐友泉善于塑牛，以致衍生 20 世纪初期的类似制作。

090
—

**徐友泉款
角端尊**

20 世纪前期
高 17.2 厘米、长 23.4 厘米
馆藏号 1995.0315

　　此器仿独角神兽"角端"(一作"角端")造型的铜
尊而制,合模成型,接口清晰。器底楷书刻款"戊午秋日,
徐友泉制"。

　　大型紫砂博古器罕见传世,本品塑工甚佳,但造型硬拙,
无晚明气度风格。以模具制作,是 20 世纪前期上海仿古紫
砂的制作手法。石膏模具的大量应用是在 1958 年以后。本
品有涂墨造旧痕迹,为 20 世纪前期制品。

明 角端形铜炉
明崇祯六年(1633 年)张叔珮夫妇墓出土
重庆市铜梁区博物馆藏

091 092

欧正春款
鸳鸯

20 世纪前期
高 9.3 厘米、长 16.2 厘米
高 10 厘米、长 17.6 厘米
馆藏号 1995.0325、1995.0326

鸳鸯两只，均由左右两半合模而成，空心。鸟躯的鳞状羽纹采用压印手法表现。器底钤金文阳文方印"欧正春制"。紫泥鸳鸯明显故意涂黑，褐泥鸳鸯原有涂黑，但黑涂料大都已褪去，多见于 20 世纪前期仿古砂器。

欧正春，活跃于 16 世纪末至 17 世纪初。据《阳羡茗壶系》，他是时大彬弟子，"多规花卉果物，式度精妍"。

093
—
邵二孙款
圆颈方腹瓶

20 世纪前期
高 22 厘米
馆藏号 1995.0319

此瓶器底钤篆书阳文方印"邵二孙制"。邵二孙，仅知是万历时人。

凭此简朴造型，难以判断是否明代的制作，但瓶口并非宜兴陶瓶加泥修口的传统造法，而是近乎瓷瓶的制法，泥料也非明代泥料，而类近 20 世纪初期的仿古紫砂。

096

陈鸣远款
天鸡壶

20 世纪前期
高 13.3 厘米
馆藏号 1995.0269

　　立凤背负大尊，即宜兴紫砂文献所称"天鸡壶"，以晚明的仿古铜器为原型。浅灰色梨皮泥，其中可见黑斑及气泡，后者由加入钴而起。器底钤篆书阳文方印"陈鸣远"。

　　传世作品既有造型十分相近的陈鸣远款天鸡壶，又有钤印及烧制效果与此天鸡壶相同的陈鸣款仿古簋，这些制品的陶人身份目前仍难以断定。

西周 铜鸟尊
临汾市曲沃县晋侯墓地出土
山西博物院藏

清中期 19 世纪
铜错金银天鸡尊
美国大都会艺术博物馆藏

095

陈子畦款
龙龟
20 世纪前期
长 16.1 厘米
馆藏号 1995.0280

　　该龙龟身上黏附海草，四足趾爪有力，看似正在爬行。
紫泥调砂，带有铁斑点。钤篆书阳文方印"陈子畦"。

　　本品曾经涂黑造旧，属 20 世纪前期仿古紫砂的常见手
法。本品的黑涂料已部分褪去，仍有部分可见于某些凹位
及钤印的阴刻线条。

094

徐次京款
龙龟水注

20 世纪前期
高 6.5 厘米、长 7 厘米
馆藏号 1995.0306

　　俗传龙生九子，龙龟是其中之一，亦称"赑屃（bì
xì）"。龙龟能负重，身处石碑底下。此龙龟做成水注，泥
中混调粗大而淡黄的砂粒，效果仿似明代宣德铜器的洒金。

　　器底钤篆书阳文方印"次京"。据《阳羡砂壶图考》，
徐次京是天启（1621～1627年）、崇祯（1628～1644年）
年间人。本品应为20世纪前期的名工巧制。

元 高丽青瓷龙首龟身砚滴
乌兰察布市集宁路城遗址出土
内蒙古自治区文物考古研究院藏

097
—
陈鸣远款
回纹觯

20 世纪前期
高 12.2 厘米
馆藏号 1995.0267

仿古铜觯的造型，颈部贴饰回纹两周，深紫泥掺杂浅黄细砂。器底钤篆书阳文方印"陈鸣远"。

此印见于另一造型酷似的回纹觯，但该觯两侧有双耳。本展览中的邵文金款象耳觯与本品造型几乎一致，足部亦外侈，但无唇口，颈部的回纹设计稍异，另加两道弦纹及一对象耳，器底钤印"文金"。三器应同出一人之手。

商晚期 戈觯
安阳市郭家庄出土
中国社会科学院考古研究所藏

098

陈鸣远款
双牺尊

20 世纪前期
高 13.4 厘米
馆藏号 1995.0271

　　仿古青铜尊，唇口、圆颈、鼓腹（上下两半接合）、高圈足，自上而下由五部分接合而成。肩部贴饰牛首衔活环耳一对。器底钤篆书阳文方印"陈鸣远制"。

　　20 世纪仿古紫砂确是精心制作，包罗各式各样的"陈鸣远款"仿古青铜制品，现存种类有尊、簋、彝、觥、爵、方鼎、圆鼎等。

099

**陈鸣远款
爵**

20 世纪前期
高 17.4 厘米
馆藏号 1995.0272

爵是古代酒器造型之一，本品即仿晚商青铜爵的简化版，器身长圆形，下承鼎立三足，其中一足有仿"铸造"失误而遗下的裂纹。

器身一侧有兽面把手，器口立双柱，柱头刻云纹及弦纹，外腹壁饰有三道弦纹，而腹壁内外刻金文文字。两柱下方内腹壁钤篆书阳文方印"陈鸣远"及"鹤村"。

西周 弦纹铜爵
洛阳市出土
深圳博物馆藏

陈鸣远款
爵

20 世纪前期
高 18.3 厘米
馆藏号 1995.0273

　　器腹内外均刻上多个金文文字，两柱下方内腹壁亦钤
篆书阳文方印"陈鸣远"及"鹤村"。两件陈鸣远款爵风
格近似，所钤印章相同，不同处仅在腹壁纹饰，应同出一
人之手，皆 20 世纪仿古紫砂。

101

**陈鸣远款
鸟洗**

20 世纪前期
长 9.7 厘米
馆藏号 1995.0264

　　深紫色掺浅黄砂梨皮泥。鸟翼、足、尾等均作几何处理，又似双钩浅雕，颇似晚商青铜器的装饰手法。虽是模制，但鸟的圆眼、钩喙及胸羽刻画都像真自然。器底钤篆书阳文方印"陈鸣远"。

战国·燕　鸟形铜匜
唐山市贾各庄出土
中国国家博物馆藏

102
—
**陈鸣远款
立佛小像**

20 世纪前期
高 9.1 厘米
馆藏号 1995.0257

　　仿六朝立佛造像，一手施无畏印，一手与
愿印。背后有尖顶背光，上部刻线条，两侧刻
火焰纹。圆鼓形承座，下承四足方座。整体雕
工简洁明快。底钤篆书阳文方印"鹤村"。

北魏　铜立佛像
甘肃省博物馆藏

103

陈鸣远款
鸮尊

20 世纪前期
高 10.6 厘米
馆藏号 1995.0270

　　仿古铜鸮尊而制，器底钤篆书阳文方印"陈鸣远制"。
本品的泥质及造工，以至圆形开孔的手法，与徐次京款龙
龟相同。虽然钤印不同，但两器应是同出一人之手。

　　香港茶具文物馆亦藏同式鸮尊，署款"陈仲美"，难
免致使鉴定易生混淆。这足以反证 20 世纪前期盛行仿古紫
砂，紫砂器上的署款任由古玩商擅作主张。

商晚期　铜鸮尊
安阳市殷墟妇好墓出土
河南博物院藏

宜钧创制

　　明代中叶，光素紫砂仍较为粗糙，宜兴陶工以器表施釉弥补胎体粗涩缺陷的方式相当流行。其釉色乳浊而富于变幻，与钧窑窑变釉亦有相似之处，故称之为"宜钧"。因传为明人欧子明所创，故又称"欧窑"。质量上乘的宜钧制品已达到宫廷御用的标准，在明代时已作为皇家文房器用。

　　宜钧釉在清代继续发展，以乾隆、嘉庆年间宜兴丁山的葛明祥、葛源祥兄弟出品最为著名。宜钧也备受日本人珍爱，称作"海参器"或"海鼠器"，更奉葛氏兄弟为"海参器之祖"。

明 宜钧釉兽面纹花尊
故宫博物院藏

清 宜钧釉连座三羊尊
美国国家亚洲艺术博物馆藏

清 宜钧釉四方水注
日本东京国立博物馆藏

104
—

葛明祥款
宜钧釉梅瓶

19 世纪末 /20 世纪前期
高 27.2 厘米
馆藏号 1995.0324

　　本品丰肩敛腹，施宜钧釉，蓝釉斑驳，深浅变幻。器底钤楷书阳文方印"葛明祥制"。

　　葛明祥、葛源祥兄弟以宜钧釉知名，活跃于 18 世纪末至 19 世纪初，后人或沿用二人印章，至 20 世纪初仍有出产，以销往日本的宜钧釉火钵、花盆最为常见。

105

无款
琮式小瓶

20 世纪前期
高 4.4 厘米
馆藏号 1995.0323

　　琮，为新石器时代玉器造型之一。汉代以璧表天，以琮表地。本品外方内圆，外壁划分为四节，以不同长短线条装饰四角，是简化的玉琮兽面纹。器底密封，是为小瓶。

　　仿古紫砂多模仿古青铜器，此品仿自古玉器，别具一格。

新石器时代良渚文化
神人兽面纹玉琮
杭州市余杭区反山遗址 M20 出土
浙江省文物考古研究所藏

清 范雪仪《吮笔敲诗图》（局部）
天津博物馆藏

匠意文心 \ 文玩及像生

除了茶壶与博古，文玩及像生也是紫砂陶器中的一大品类。与文人朝夕相伴的文具，雅称文房雅玩。传世紫砂文玩包罗各式造型，如笔架、笔筒、水洗、水注、臂搁等。更有部分文具形制仿自草木瓜果，骤看似是陈设小件，细察实为日用文具，构思精妙。至于其余像生制作，虽非实用，但精致小巧，亦可作文玩，颇具文人雅趣。

据文献所载，晚明已有紫砂文玩的制作，考古发掘中也出土有清初制品。虽然目前传世紫砂文玩与像生多属20世纪的仿古制品，但也可反映出其时人们如何构思或想象明清文人的案头雅好与复古风潮。

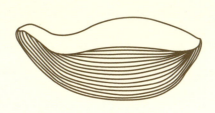

106

无款
寿山福海笔架

约 18 世纪
长 12.8 厘米
馆藏号 1995.0313

　　笔架塑成山石与海浪的造型，三道山峰并列，其中间隙正好供搁笔之用。山石与海浪，寓意"福如东海，寿比南山"，乃传统贺寿吉祥祝福。

　　山形笔架，向称笔山。自唐以来，笔山制作大盛。南宋赵希鹄《洞天清禄集》称笔山"须镌刻象山峰，耸秀而不俗方可"。

107

君美款
山形笔架

20 世纪前期
长 13.2 厘米
馆藏号 1995.0312

　　山形笔架是常见的传统文房用具之一，多属瓷制品。本
品造型如连绵的山峰，呈现高峰与深谷，底部向外微弯成弧
形。器底钤篆书阳文方印"君美"。紫泥掺砂为仿古制法，
此笔架属 20 世纪前期制品。

108

陈子畦款
梅枝笔架

20 世纪前期
长 14.1 厘米
馆藏号 1995.0276

　　笔架呈断折老梅枝状，姿态优美，造型逼真。器底钤篆书阳文方印"陈子畦"。本品采用的是 20 世纪前期常用的仿古泥。宜兴紫砂雕塑大师徐秀棠指出，本品出自雕塑家之手，而非宜兴陶人的传统手艺。

陈鸣远款
蚕桑笔架

20 世纪前期
长 14.7 厘米
馆藏号 1995.0239

　　一段桑枝，其上有虫蛀的桑叶，五个桑葚，一只黄蜂及三条蚕虫，造型惟妙惟肖。以自然生态为题材，尤显构思巧妙。器底钤篆书阳文方印"陈鸣远"。

　　宜兴位处中国的主要产丝区，蚕虫啮食桑叶是常见的生活情景，本品可以说是陶人生活见闻的实录。有"陈鸣远第二"之称的裴石民可能是制作本品的陶人。

110

陈鸣远款
扁豆笔架

20 世纪前期

长 12 厘米

馆藏号 1995.0240

　　笔架由两段折枝扁豆交叠而成。一段折枝有一串豆花
正在结豆荚，其中一豆荚折断半开，平添意趣；另一段折
枝有三片被虫蛀的叶子，搁笔的承座则由卷叶与豆荚构成。
隐现的豆粒、虫蛀孔及叶脉，无不刻划入微。

　　以段泥制作，有涂墨造旧。器底钤篆书阳文方印"陈
鸣远"。

以陈鸣远旧制莲蕊水盛、梅根笔格
为借山和尚七十寿口占二绝句（其一）
清·查慎行

梅根已老发孤芳，
莲蕊中含滴水香。
合作案头清供具，
不归田舍归禅房。

109

陈鸣远款
梅枝笔架

20 世纪前期
长 12 厘米
馆藏号 1995.0296

笔架中空，以紫泥调砂制成，枝条曲折有致，便于搁笔。器底钤篆书阳文方印"鸣远"。器表有涂黑造旧。

陈鸣远以梅枝笔架享负盛名。清人查慎行（1650～1727 年）《以陈鸣远旧制莲蕊水盛、梅根笔格为借山和尚七十寿口占二绝句》，与张燕昌（1738～1814 年）著《阳羡陶说》，均有提及陈鸣远梅枝笔架。

清　17 世纪末至 18 世纪初
"陈鸣远"款梅枝紫砂笔架
美国国家亚洲艺术博物馆藏

清　"陈鸣远"款桂枝歇蝉紫砂笔架
苏州博物馆藏

112
——

陈鸣远款
蚕桑小盘

20 世纪前期
长 10.8 厘米
馆藏号 1995.0265

　　小盘呈五片桑叶交叠状，上有三条蚕虫在啮食桑叶，
其中一条全身可见，另两条则仅在蛀孔中露出头部。雕工
颇规整，蛀孔及叶脉刻划逼真。紫泥掺砂作桑叶，段泥作
蚕虫。器底钤篆书阳文方印"鹤村"。

瞿子冶款
百合果子笔架

20 世纪前期
高 3.5 厘米、长 8.2 厘米
馆藏号 1995.0307

笔架底座呈新月形，其上贴塑倒置的菱角，两侧分置百合和核桃，前有南瓜子，后有花生，整体造工颇为一般。底座前方有金文刻铭"羊子戈觥之"，并楷书署款"子冶"，器底钤篆书阳文长方印"羊吉"。

此器所刻果子均属宜兴土产。子冶即瞿应绍，以监制宜兴紫砂茶壶知名，但文献上没有他制造紫砂文玩的任何记载。

陈鸣远款
斑竹臂搁

20 世纪前期
长 18.9 厘米
馆藏号 1995.0297

本品仿竹雕臂搁，以浅褐泥调砂制成，有铁斑点，也有涂黑造旧。竹面的圆斑是先刻划，后涂褐黑，逼肖湘妃竹。器表钤"鸣远"篆书阳文方印。

文士书写时辅以臂搁，为免衣袖沾染字墨。臂搁以竹刻为主，本品亦仿竹之质感，工艺之精，堪称现存紫砂竹雕臂搁中之佼佼者，有明清时期嘉定竹刻的风格特色。

115

徐次京款
仿竹笔筒

20 世纪前期
高 10 厘米
馆藏号 1995.0305

  竹子遍布宜兴山野，经常被截取作为笔筒。元代始以
竹筒储笔，明中叶以降，嘉定、金陵、濮阳的竹制笔筒誉
满天下。本品仿竹笔筒，器底钤篆书阳文方印"次京"。

  徐次京生平资料甚少，仅知活跃于 17 世纪。既是知名
陶人却又资料贫乏，徐氏作品自然成为仿古紫砂的必然之
选。本品应以石膏模制而成，笔筒内壁也随形内凹。

116
—
陈鸣远款
梅桩笔筒

20 世纪前期
高 12.3 厘米
馆藏号 1995.0289

　　笔筒以段泥调砂制成，酷肖一段空心的梅桩，有多处折枝断口，也有树痂。此品曾经涂黑造旧，于梅花或印章的下陷刻线仍见残余黑料。器底钤篆书阳文方印"陈鸣远制"。

　　晚明以来流行梅桩笔筒，竹、木、瓷、玉制品皆有。陈鸣远以梅枝笔架知名，但是无从确定是否有梅桩笔筒之制。

117

杨彭年款
梅桩笔筒

20 世纪前期
高 11.8 厘米、长 8.3 厘米
馆藏号 1995.0310

　　梅桩造型笔筒，有长形树瘿及折枝断痕。树瘿右侧行书刻铭："梅花心太古。"左侧刻铭："癸卯夏日。彭年。"器底有五个小穿孔，钤篆书阳文方印"彭年"。

　　笔筒两侧清楚可见左右两半模制接合痕迹，非宜兴陶人围身筒的常用手法，因此鉴定本品为 20 世纪前期的仿古紫砂。

君美款
梅桩笔筒连笔架

20 世纪前期
高 11.5 厘米
馆藏号 1995.0311

　　截取一段树桩，可以制作宜乎文人的茶壶或笔筒。宜兴陶人常以"岁寒三友"为创作灵感泉源。

　　此浅黄泥笔筒的老梅桩造型生动自然，笔筒底部横向一侧伸延成为可以搁笔的笔架，别具巧思。器底楷书刻铭："善之兄命制。君美。"君美，生平不可考。

119

—

瞿子冶款
圆形笔筒

19 世纪后期
高 8.9 厘米、口径 6.4 厘米
馆藏号 1995.0309

　　以宜兴紫砂拍打成型的"围身筒"，不但造型简洁，连采用的泥料也是最常用的紫砂泥。素朴的器壁以楷书刻铭："深山古寺有书声。子冶。"

　　子冶，即瞿应绍，活跃于 19 世纪前期的上海，设计并订制不少宜兴紫砂茶壶。

120

瞿子冶款
葡萄松鼠笔筒

20 世纪前期
高 9.5 厘米、口径 6.3 厘米
馆藏号 1995.0308

　　葡萄松鼠是茶具的常见题材。本笔筒取材树桩，有高浮雕的葡萄藤蔓，长出葡萄籽和叶。两只松鼠，一只在吃葡萄，另一只在树洞里探头张望。器壁有金文刻铭 "……子子孙孙永宝用"，末附楷书 "子冶" 款。

　　本品有涂黑造旧，而且偏重，应非宜兴陶人手作。

文房雅用

　　紫砂文房相传始于明末清初，为文人随兴而制，有笔架、笔筒、砚台、水丞、水注、臂搁等种类，更延伸至香熏、花插、花觚、壁瓶等，集实用、清赏、把玩于一身。文房之于文人，既是器用清玩，更是抒情散意的寄托所在。宜兴紫砂文房，与文人雅趣相融，更显素雅含蓄的风韵。

明 宜钧釉海螺洗
故宫博物院藏

清早期 莲瓣紫砂水丞
美国波士顿美术馆藏

清 雍正
漆绘描金携琴访友图紫砂笔筒
故宫博物院藏

清 乾隆
百果诗文紫砂砚滴
故宫博物院藏

清 乾隆 御题诗紫砂澄泥套砚
故宫博物院藏

清 菊纹紫砂印盒
苏州博物馆藏

清 乾隆
"修身理性"款茶叶末釉紫砂琴
台北故宫博物院藏

清 18 世纪末至 19 世纪初
彩釉泥绘紫砂鼻烟壶
美国大都会艺术博物馆藏

121

陈鸣远
葫芦水洗

17 世纪末至 18 世纪初

长 8.5 厘米

馆藏号 1995.0236

　　水洗颈部刻"睡凫"二字，腹壁行书刻"古香楼清玩，鸣远制"。

　　本品当为汪文柏而制。汪文柏，清康熙（1662～1722 年）年间的诗人、画家、藏书家，是争相延揽陈鸣远的文人学士之一。古香楼为江氏的藏书楼。此水洗造型奇特，对应乾隆时期的宫廷葫芦艺术，当时流行以葫芦制作各式文玩，取尚未成熟的葫芦，以绦索勒扎成型。

122

陈鸣远款
树桩水洗

20 世纪前期
长 10.2 厘米
馆藏号 1995.0290

本品以段泥烧制，造型状似树桩。器壁多折痕，有开裂，又有多处穿孔，雕刻风格圆熟浑厚。器腹行书刻款铭："卓尔先觉。远。"钤篆书阳文方印"鸣远"。曾涂黑造旧。

123

—

陈鸣远款
青瓜水注

20 世纪前期
长 15.5 厘米
馆藏号 1995.0230

　　水注的造型是横置的青瓜，缀有藤蔓、卷须和三片叶子；其中一片卷叶做成水注的出水孔，一平展叶片上蛀洞则为气孔，另一片向下伸张叶片构成水注底座。本器曾经涂黑造旧。器底钤篆书阳文方印"鸣远"。

124
——
陈鸣远款
青瓜

20 世纪前期
长 13.3 厘米
馆藏号 1995.0293

　　本器曾经涂黑造旧。青瓜造型逼真，茎梗有三片虫蛀叶子及卷须，其中两叶轻微弯卷，构成底座，其中一个虫蛀孔深透器内，是烧制时的透气孔。叶片上有一小甲虫，涂红褐色，倍添意趣。器底钤篆书阳文方印"鸣远"。

125
—

**陈鸣远款
茄子水注**

20 世纪前期
长 12 厘米
馆藏号 1995.0249

茄子造型紫泥雕，以段泥扁豆状雕饰点缀其上。茄子微弯，以中空上翘的茎柄作为水注的出水口。器底钤篆书阳文方印，俗谓长脚"鸣远"印。虽则钤印不同，此品与陈鸣远款扁豆笔架应同出一人之手。

126

陈鸣远款
南瓜杯

20 世纪前期
长 7.5 厘米
馆藏号 1995.0258

　　紫泥调砂器身做成侧放的南瓜，贴饰枝叶卷须，以旋扭的藤蔓作为杯耳，写实自然。器底钤篆书阳文方印"陈鸣远"。

127

陈鸣远款
南瓜水滴

20 世纪前期
高 4.8 厘米、腹径 6.5 厘米
馆藏号 1995.0291

　　紫泥调砂南瓜有十二棱瓣，贴饰虫蛀叶及卷须。瓜蒂形器盖上蒂柄中空并且下连小圆管，成为水注的吸管。使用时，以手指按塞瓜蒂上的小孔，即可将水吸出。本器曾涂黑造旧。器底钤篆书阳文方印"鹤村"。

128

陈鸣远款
白菜水注

20 世纪前期

长 11 厘米

馆藏号 1995.0294

　　白菜造型的水注，出水口巧妙藏于叶尖之间。有两条小毛虫，一在蛀食，一在蜷伏，动静对比，意趣无限。段泥塑成，带铁点。器底钤篆书阳文方印"陈鸣远"。这是"陈鸣远"款白菜水注的仅见实例。

129

陈鸣远款
白菜加葱

20 世纪前期

长 12.6 厘米

馆藏号 1995.0247

　　白菜加葱，以草绳捆扎在一起，造型简单平实。塑件上钤"陈""远"圆、方二印。原件涂褐色，但已几乎消褪净尽。此品与人们熟知的"陈鸣远"梅枝笔架迥然不同。

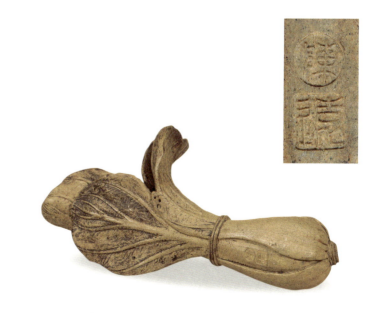

130

陈鸣远款，或为裴石民制
白菜尊

20 世纪前期
高 11.5 厘米
馆藏号 1995.0268

　　器底钤篆书阳文方印"陈鸣远制"。此白菜尊构思不俗，但造工水平不及常见的陈鸣远款制品。毛虫的塑造则极佳。

　　裴士鑫曾撰文追忆父亲裴石民，提到父亲在上海为著名魔术师莫悟奇（1887～1958 年）制作紫砂工艺品。他记得曾见其父作品中有一棵大白菜，菜叶上有一条小毛虫在蛀食。裴石民以陶塑蚕虫知名，此品有可能出自其手。

131

陈鸣远款
香橼杯

20 世纪前期
长 11 厘米
馆藏号 1995.0262

　　本品经涂墨造旧。杯身的造型是半边香橼，器底钤篆书阳文方印"陈鸣远"。

　　香橼是吴人喜爱的水果，可以盛供，可以做汤。文震亨《长物志》载："香橼大如杯盂，香气馥烈，吴人最尚。以磁盆盛供，取其瓤，拌以白糖，亦可作汤，除酒渴。又有一种皮稍粗厚者，香更胜。"

132

陈子畦款
石榴水注

20 世纪前期
长 10.8 厘米
馆藏号 1995.0277

　　段泥调砂，着色。器身塑成熟透开裂的石榴，开裂处
可见淡黄色内皮及红色石榴籽。以老枝梗连小石榴和叶片
作为底座，蒂部为出水口，虫蛀孔洞为入水口。表皮洒饰
黑色及褐红色斑点。器底钤篆书阳文方印"陈子畦"。

133

陈子畦款
石榴杯

20 世纪前期
长 10.3 厘米
馆藏号 1995.0278

　　器身仿似破开一半的石榴，内壁雕塑残存带一小撮有红色外皮的石榴籽。器壁一侧的石榴外皮开裂，露出内皮及石榴籽。以带叶的折枝小石榴作底座。段泥调砂，洒染褐红色及黑色斑点。整器染墨造旧。器底钤篆书阳文方印"陈子畦"。

134

陈鸣远款
石榴水洗

20 世纪前期
长 9.5 厘米
馆藏号 1995.0233

本品造型为侧置的熟透石榴，以爆裂口作为水洗的开口，以柄梗及其上伸延的花蕾和虫蛀的叶子作为水洗的承座。浅褐泥，石榴籽及花蕾均染红褐色，石榴皮则喷洒红褐色及黑色斑点。器底钤篆书阳文方印"陈鸣远制"。

135

陈鸣远款
石榴水洗

20 世纪前期
高 8.5 厘米
馆藏号 1995.0295

　　本品与前件陈鸣远款石榴水洗造型相似，但以紫泥塑成，无着色。器身颇多"虫蛀"效果小孔。器腹有行书刻铭"书带草堂"，器底钤篆书阳文方印"陈鸣远"。

　　"书带草堂"刻铭见于上海博物馆藏陈鸣远款古泉墨床，也可能指清初钱塘学者郑江（1682～1745 年）的堂名款。

陈鸣远款
石榴水洗

20 世纪前期
高 8.8 厘米
馆藏号 1995.0234

　　本品造型是直立式石榴，以柄梗及其下伸延的花蕾与
虫蛀叶子作为承座，以萼蕊作为水洗的开口。浅褐泥，喷
洒黑色及红褐色斑点。器腹有"朗园清玩"行书刻款。器
底钤篆书阳文方印"陈鸣远"。

137

**陈鸣远款
石榴杯**

20 世纪前期
长 9.9 厘米
馆藏号 1995.0261

　　以半边石榴为杯身造型，柄梗及其向下伸延的枝叶花
蕾作为把柄及承座。杯内尚有数颗石榴籽，不规则的口沿
酷肖石榴自然开裂。浅褐泥，掺砂，加上雕工别出心裁，
石榴皮及叶上有小蛀孔，写实自然，有粗犷美感。器底楷
书刻铭"鸣远"。

138

陈鸣远款
石榴杯

20 世纪前期
长 7.5 厘米
馆藏号 1995.0298

　　褐泥掺砂，造型为半边石榴，外壁一侧塑成开裂状，
露出数颗石榴籽。柄梗及其伸延的枝叶花蕾作为把柄及承
座。石榴皮及叶上兼刻小蛀孔，柄梗有结痂与破折痕。器
底钤篆书阳文方印"陈鸣远"。本品曾涂黑造旧，尤见于
叶缘及印章。

139

陈鸣远款
半桃水注

约 18 至 19 世纪
长 9.2 厘米
馆藏号 1995.0231

　　以剖开一半的桃子作为水注器身，以中空枝梗作为水注的出水口，入水口则巧藏于层叠叶片之下。下方承以桃核、蚕豆及黄豆作为底座。器底钤篆书阳文方印"陈鸣远"。

　　"陈鸣远"款半桃水注仅见此例，较多见的是桃杯。本品泥质自然，没有掺砂。设计意念极佳，可能是 18 至 19 世纪的制品。

140

—

陈子畦款
桃杯

20 世纪前期
长 9.8 厘米
馆藏号 1995.0279

　　杯身仿似半边桃子挖空而成，杯内有桃核一颗。外壁
贴饰各式果子，一对枇杷果当作杯把，连同荸荠、橄榄、
两颗樱桃、枣子（及一已缺失的果子）作为杯的底座。器
底钤篆书阳文方印"陈子畦"。

　　本品段泥调砂，着色。桃皮洒褐红色斑点，整体涂黑
造旧，尚有残余痕迹。

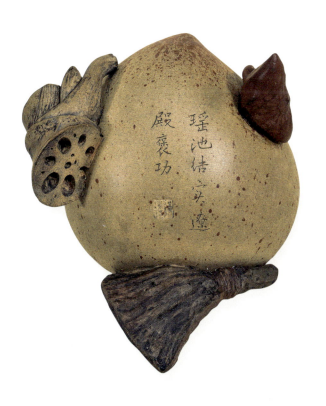

141

陈鸣远款，或为裴石民制
桃杯

20 世纪前期
长 11.1 厘米
馆藏号 1995.0263

以半桃为器身，杯内贴饰桃核，底座作红菱、藕段及半把枯干莲蓬，莲蓬藏五颗莲子，均可自由转动。杯底行书刻铭"瑶池结实，辽殿褒功"。钤篆书阳文方印"陈鸣远"。

"瑶池结实"意指寿桃来自西王母的仙居"瑶池"。裴石民曾制作不少栗杯和桃杯，常以多种果子作为底座。本品涂黑造旧，或为裴石民制品。

陈鸣远款
桃核

20 世纪前期

长 8.4 厘米、9.3 厘米

馆藏号 1995.0244、1995.0245

　　桃核两枚，表面满布纹路及小孔，体积远较实物为大。
钤篆书阳文方印"鹤村"。泥色浅褐，略有掺砂，曾涂黑造旧。

　　桃核，一如桃实，亦寓意长寿，而核体较大，则暗寓
桃实之大。

144

—

陈鸣远款
桃核

20 世纪前期
长 9.4 厘米
馆藏号 1995.0246

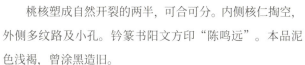

　　桃核塑成自然开裂的两半，可合可分。内侧核仁掏空，外侧多纹路及小孔。钤篆书阳文方印"陈鸣远"。本品泥色浅褐，曾涂黑造旧。

　　《阳羡名陶录》载，清人马思赞（1669～1722 年）曾以方氏桃核墨易友人之时大彬壶，赋诗"汉武袖中核，去今三千年。其半为酒船，半化为墨船……"桃核分为两半的构思或与此有关。

145
—
陈鸣远款
栗子水洗

20 世纪前期
长 9.3 厘米
馆藏号 1995.0235

红褐色泥栗子扁平的一面向上，开口作不规则虫蛀孔状。栗子鼓圆的一侧贴塑各色果子作为底座：红枣、花生、乌菱、荔枝、莲子，寓意早生伶俐子。此外有核桃、龙眼及瓜子，连同栗子共九种果子，寓意长久永远。

器底行书刻铭："紫荆飘香在玉堂。远。"钤篆书阳文方印"陈鸣远"。本品塑工自然，善用巧色，器表涂黑造旧。

146

陈鸣远款
栗杯

20 世纪前期

长 9.3 厘米

馆藏号 1995.0292

　　以半开栗子作为杯身，也可作为水洗。器底行书刻款："轻旋紫玉泛香醪。远。"钤篆书阳文方印"陈鸣远"。底部塑出乌菱、荔枝、栗子，寓意伶俐子，花生、瓜子则寓意多子多孙。

147

陈鸣远款
栗杯

20 世纪前期

长 9.5 厘米

馆藏号 1995.0260

本品造工极佳，惟妙惟肖。栗杯承座有白果、乌菱、荔枝、西瓜子、核桃和花生。栗子棕红色泥掺砂，果子用各种色泥。器底行书刻款："轻旋紫玉泛香醪。远。"钤篆书阳文方印"陈鸣远"。此杯曾涂黑造旧。

148

陈鸣远款，裴石民制
栗杯

20 世纪前期
长 9.1 厘米
馆藏号 1995.0259

　　杯身以半开栗子为造型，以白果、乌菱、核桃和花生
等果子为承座。杯内有西瓜子。菱角剥开一角，露出果肉，
是陶人裴石民的风格。器底行书刻款铭"故国霜蓬"，并
钤篆书阳文方印"陈鸣远"。此杯应为裴石民所制。

149

——

陈鸣远
莲瓣勺

17 世纪末至 18 世纪初
长 10 厘米
馆藏号 1995.0238

　　红泥，勺作莲瓣形。本品出左右两半接合而成，花瓣
脉络的刻划有粗细深浅变化，逼真自然。红泥没有掺砂，
亦无涂黑造旧。器底钤篆书阳文方印"陈鸣远"。

　　本品用途多样，可作杯盏、水洗、量取茶叶的茶则，
或是文房雅玩。本品反映清初工艺风尚，应是陈鸣远制品。

150

陈鸣远款，或为蒋彦亭制
莲蓬水洗

20 世纪前期
长 8.8 厘米
馆藏号 1995.0232

造型如侧置的莲蓬，有十八颗莲子，皆可转动。器底钤篆书阳文方印"陈鸣远"。本品调以大量砂粒，属 20 世纪典型仿古手法，器表可见涂黑造旧。

蒋彦亭善制紫砂像生器，善仿陈鸣远等人，而本人署款制品极少。自 1930 年至逝世，蒋彦亭在上海受聘于数家古董商生产仿古紫砂。其侄女蒋蓉称蒋彦亭常制此类水洗，本品或出自其手。

151

杨彭年款
莲蓬水滴

19 世纪后期
高 7 厘米、长 7.5 厘米
馆藏号 1995.0274

以莲蓬茎梗辅以豆荚为底座，横向而置，其中莲子均可转动。莲蓬上贴饰红豆、花生、南瓜子及大核桃。核桃上方开一小孔，下方连接小管，巧妙设计成为水滴的吸管。器底钤篆书阳文方印"彭年"。

本品构思类近陈鸣远款莲蓬水洗，但造工稍逊。

陈鸣远款
梧桐伏蝉盘

20 世纪前期

长 15.8 厘米

馆藏号 1995.0299

　　大小梧桐叶交叠造型，叶沿呈波浪式微曲，构成承盘。塑工十分逼真，尤其是叶背脉络，虫蛀孔也刻划细致，足见陶人对自然景物观察入微。紫泥调砂极佳，梨皮泥突显叶的质感，蝉身洒以铁斑点。器底钤篆书阳文方印"陈鸣远制"。

　　展览中两件陈鸣远款紫砂梧桐伏蝉盘，或以明代玉雕为蓝本。

153

陈鸣远款
梧桐伏蝉盘

20 世纪前期
长 16 厘米
馆藏号 1995.0266

　　大小梧桐叶交叠，背面相向，又被虫蛀，构成有趣的
承盘。叶脉及虫蛀孔刻划自然细致。叶上伏蝉，双翼折合，
造型逼真。紫泥调砂。器底钤篆书阳文方印"陈鸣远"。

明　秋蝉桐叶玉洗
台北故宫博物院藏

154

陈子畦款
伏蝉

20 世纪前期
长 5.1 厘米
馆藏号 1995.0328

　　伏蝉，双翼折合，反映陶人善于观察自然。紫泥调砂，带
有铁斑点。钤篆书阳文方印"子畦"。梨皮泥有丰富混和的色彩，
是典型的 20 世纪前期的仿古泥。

155

—

陈仲美款
蟾蜍树桩水洗

20 世纪前期
高 6 厘米、长 7.3 厘米
馆藏号 1995.0304

　　蟾蜍突眼圆瞪，蹲在横置的松树桩侧，树桩上方开口
而成水洗。器底钤篆书阳文方印"陈仲美制"。

　　本品巧同造化，反映陶人对自然的仔细观察。作者则
有以下几种可能：一是裴石民，其制品照片中有造型相近
的水洗；二是制作紫砂像生器的高手蒋彦亭；三是蒋彦亭
侄女蒋蓉，其作品风格与本品相近，也曾制类似的树桩水洗。

156

沈君用款
蟾蜍

20 世纪前期
长 6.5 厘米
馆藏号 1995.0330

　　蟾蜍蹲立，大眼圆瞪，作势捕食。紫泥调粗砂，呈不少铁点，更使蟾蜍癞皮栩栩如生。器底钤篆书阳文方印"沈氏君用"。

　　沈君用，名士良，明天启、崇祯间人，卒于明亡之年。其塑工妍巧，媲美陈仲美，造壶则上接欧正春一派。周高起赞其"尚象诸物，制为器用，不尚正方圆而笋缝不苟丝发。配土之妙，色象天错，金石同坚。"

157

陈鸣远款
龟

20 世纪前期
长 3.2 厘米
馆藏号 1995.0255

　　小龟外壳为浅黄色泥，头及四足则为深褐色泥；整体均经涂黑造旧。器底钤篆书阳文椭圆印"鹤村"。此龟原收藏在同形象牙盒中。

薪火相传

　　抗战爆发后，中国社会经济遭受重创，紫砂行业也急剧萎缩。据统计，直到1949年前，宜兴的紫砂从业人员仅剩五十余人。

　　1955年10月，宜兴蜀山紫砂陶业生产合作社成立。回归宜兴的老艺人和青年学徒有了一个崭新的交流平台，紫砂业回到稳定发展的轨道上。任淦庭、吴云根、裴石民、王寅春、顾景舟、朱可心、蒋蓉等七人被政府任命为技术辅导，致力于紫砂工艺的复兴，培养了大批优秀的学生。今天，他们的学员已成名师，继续培育下一代陶艺新人。

紫砂艺人旧影

摄于20世纪50年代

从前到后：蒋蓉、裴石民、吴云根、王寅春、陈福渊
摄于1956年

裴石民
摄于1958年

摄于20世纪60年代

采自：
裴峻峰主编：《石民冶陶：裴石民紫砂艺术》，上海古籍出版社，2009年。
徐秀棠：《紫砂工艺》，浙江人民出版社，2009年。

158

___

陈子畦款，或为裴石民制
荷蟹

20 世纪前期
长 25.2 厘米
馆藏号 1995.0275

　　荷叶背面上的湖蟹，满布叶上的虫蛀孔，均刻划入微，
高度写实。湖蟹以段泥调砂塑成，涂黑，洒上墨褐釉点。
荷叶以淡紫泥掺砂塑成。"陈子畦"篆书阳文方印钤在蟹
的左钳上。

　　20 世纪仿古紫砂陶人中，尤以裴石民的紫砂蟹著名。
今见其制蟹及蟹形作品的照片。1957 年，他制作的 20 只紫
砂蟹运往印度尼西亚，更成为了报刊新闻。

159

陈鸣远款，蒋蓉制
田螺

20 世纪前期
长 5.1 厘米、4.1 厘米、3.9 厘米
馆藏号 1995.0256

　　田螺三只，其中两只夹砂紫泥，一只夹砂浅褐泥。螺壳上刻划平行线纹，两只紫泥螺的顶部涂白，逼肖自然。皆钤篆书阳文方印"鹤村"。曾涂黑造旧，浅褐泥螺尤为明显。

　　明代宜兴紫砂已有田螺、蜗牛等贝类造型制品。近代陶人裴石民、蒋彦亭是个中能手，蒋彦亭的侄女蒋蓉（1919～2008 年）曾坦承这三只田螺是她的制品。

160

陈鸣远款
竹笋

20 世纪前期
长 17.5 厘米
馆藏号 1995.0243

　　笋身弧度轻微，颇为饱满，又布满虫蛀孔。笋尖的小开口及一些虫蛀孔，为烧制时的气孔。器底钤篆书阳文方印"陈鸣远"。

161
—
陈鸣远款
慈姑

20 世纪前期
长 8 厘米
馆藏号 1995.0248

　　慈姑造型传神，表现手法利落。幼芽微曲，底部拗折
痕划刻简洁。段泥塑成，但涂以色泥及略染黑，微妙变化
自然流露。钤篆书阳文"陈"圆印及"鸣远"方印各一。

162

陈鸣远款
藕段、藕片、花生、白果

20 世纪前期
藕段长 2.8 厘米
藕片长 6.9 厘米
花生长 3.4 ～ 3.8 厘米
白果长 2 ～ 2.4 厘米
馆藏号 1995.0252

　　浅褐泥，掺砂，涂以深褐色泥，均钤"鹤村"篆书阳文方印。像生白果、花生皆惟妙惟肖，其中一颗花生壳破，露出黑色的花生米。藕段、藕片常见于雕塑作品中，其中又以玉雕和紫砂陶塑为主。

163

陈鸣远款
辣椒、扁豆

20 世纪前期
辣椒长 6.1、6.6 厘米
扁豆长 4.5、4.8 厘米
馆藏号 1995.0250

　　辣椒两只，段泥塑成，椒身涂红，茎蒂微染黑，自然写实。近蒂部的针刺小孔，是烧制时的透气孔。扁豆两片，段泥掺砂，带有铁斑点。豆荚上的虫蛀孔，是烧制时的透气孔。曾涂黑造旧。各钤篆书阳文方印"鹤村"。

164

陈鸣远款
柳盘果子

20 世纪前期
长 9.2 厘米
馆藏号 1995.0251

　　仿柳条编织椭圆形小盘，其中盛载花生、红枣、荔枝、莲子、白果、栗子各一及瓜子三枚，合九果之数，寓意长久。泥色深浅不一，部分果子有着色，塑工精妙，逼肖原物色泽及质感。从盘底看柳条交织，十分逼真。白果钤"鹤村"篆书阳文方印。

165

陈鸣远款
板栗、荸荠、菱角、花生

20 世纪前期
板栗长 3.2 厘米
荸荠高 3.7 厘米
菱角长 8.7 厘米
花生长 3.2、4.1 厘米
馆藏号 1995.0253

　　板栗，紫泥；底面钤篆书阳文"陈"圆印及"鸣远"
方印。荸荠，紫泥；底部钤篆书阳文"鹤村"椭圆印。菱角，
紫泥掺砂，钤篆书阳文方印"鸣远"。花生两枚，浅褐泥；
一枚末端壳破，露出花生米，另一枚原藏于同形象牙盒内；
均钤篆书阳文"鹤村"椭圆印。

　　蒋蓉曾用石膏模制器。这些高度像真的塑品，或以真
品制成模具。

166

—

蒋蓉
荷叶盘

20 世纪中期

径 23.5 厘米

馆藏号 1995.0322

　　盘面呈荷叶一张，背面则见四叶覆叠。盘面有一小滴釉疵，可见为传统的龙窑烧制。盘底钤篆书阳文方印"蒋蓉"。

　　蒋蓉（1919～2008 年）是 20 世纪最具代表性的女陶人，擅塑花卉瓜果草虫。11 岁随父蒋鸿泉学艺，1939 年由伯父蒋彦亭带至上海制作仿古紫砂。1956 年被政府任命为技术辅导，培育新人。曾获"中国工艺美术大师"称号。

紫砂花器

　　除了各式茶壶与文玩外，花器也是紫砂制品的一个重要门类。宜兴紫砂因其特殊的天然色泽显得古朴大方，同时具备保湿、透气、隔热等特性，有利于盆中植物吸收养分，延长植物寿命，成为盆栽养植的首选佳器。

　　据现存遗物可知，紫砂花盆在明代民间已有批量生产，约于清初进入宫廷。雍正、乾隆时期宫廷紫砂花器造型大为丰富，品类多样。

清 泥绘花卉纹紫砂四方花盆　　　　清 梅段式紫砂花盆　　　　　　清 三联斜方紫砂花盆
故宫博物院藏　　　　　　　　　　故宫博物院藏　　　　　　　　　故宫博物院藏

明晚期 宜钧釉鼓钉式紫砂盆托　　　　　清 彩绘人物故事图紫砂花盆
故宫博物院藏　　　　　　　　　　　　深圳博物馆藏

清 《乾隆帝写字像》（局部）
故宫博物院藏

主要参考文献

1. 梁白泉编：《宜兴紫砂》，文物出版社、两木出版社，1991 年。

2. 顾景舟主编：《宜兴紫砂珍赏》，三联书店（香港）有限公司，1992 年。

3. 陈传席：《中国紫砂艺术》，书泉出版社，1996 年。

4. 中国青铜器全集编辑委员会编：《中国青铜器全集》，文物出版社，1993 ～ 1998 年。

5. 李景康、张虹：《阳羡砂壶图考》，香港中文大学文物馆，1998 年。

6. 全国图书馆文献缩微复制中心编：《中国古代陶瓷文献辑录》，全国图书馆文献缩微复制
   中心，2003 年。

7. 黎淑仪主编：《书画印壶：陈鸿寿的艺术》，香港中文大学文物馆，2005 年。

8. 黄健亮：《明清紫砂艺术——宜兴紫砂壶及其装饰研究》，盈记唐人工艺出版社，2007 年。

9. 南京博物院、台湾财团法人成阳艺术文化基金会编：《紫玉暗香——2008·南京博物院紫砂
   珍品联展》，江苏文艺出版社，2008 年。

10. 南京大学文化与自然遗产研究所、宜兴市文化局、宜兴市陶瓷行业协会编：《紫砂大师访
    谈录》，文物出版社，2008 年。

11. 裴峻峰主编：《石民冶陶：裴石民紫砂艺术》，上海古籍出版社，2009 年。

12. 徐秀棠：《紫砂工艺》，浙江人民出版社，2009 年。

13. 深圳博物馆编：《茶道文心——紫砂茗壶汇赏》，文物出版社，2011 年。

14. 苏州博物馆编：《文房雅玩：苏州博物馆藏文房用具》，文物出版社，2011 年。

15. 王健华：《宜兴紫砂图典》，故宫出版社，2012 年。

16. 黎淑仪、谢瑞华编著：《北山汲古：宜兴紫砂》，香港中文大学文物馆，2015 年。

17. 贺云翱、朱棒：《宜兴紫砂》，江苏人民出版社，2016 年。

18. 张浦生等：《宜兴窑》，江西美术出版社，2016 年。

后　记

　　"紫泥清韵——香港中文大学文物馆藏紫砂精品展"圆满结束了！早在 2010～2011 年，深圳博物馆即联合南京博物院、绵阳市博物馆等文博机构举办了"茶道文心——紫砂茗壶汇赏"展览。时至今日，中华优秀传统文化已受到社会各阶层的普遍关注。此次展览是我馆首次与香港中文大学文物馆合作，也是时隔十年后推出的又一个紫砂与茶文化专题展，其品类丰富，仿古博古，品地高雅。紫砂茗具得幽野之趣，生人闲远之思，彰显传统器用之美，展现中华文化魅力，可谓意义非凡。

　　精诚所至，金石为开。本次紫砂文物展自 2019 年筹展至今，几经波折，最终能顺利举办可谓不易。突然而至的新冠肺炎疫情给展览带来了诸多困难，承蒙香港中文大学文物馆同人的鼎力相助和辛勤付出，展览策划、执行以及图录编撰等工作最终圆满完成。此批紫砂器属北山堂惠赠香港中文大学文物馆的藏品，展品照片由香港中文大学文物馆提供，说明据黎淑仪、谢瑞华编著《北山汲古: 宜兴紫砂》（香港中文大学文物馆, 2015 年）内文撰写。在此谨致谢忱！

　　2022 年 11 月，深圳博物馆与香港中文大学文物馆签署了合作意向书，双方的合作可以提升深港两馆在粤港澳大湾区文化艺术交流、中外文明互鉴等方面的影响力。"长风破浪会有时，直挂云帆济沧海。"未来，双方将继续加强深港两地在文物藏品研究、保护、展示与教育等领域的互惠合作，推动大湾区文化艺术的融合与创新，促进中华优秀传统文化的传承与发展。